100 años después:
La ruta del pentecostalismo puertorriqueño

100 años después:
La ruta del pentecostalismo puertorriqueño

Wilfredo Estrada Adorno

Segunda Edición

CEL PUBLICACIONES
Cleveland, TN

2016

CEL PUBLICACIONES
Derechos Reservados © 2016 Wilfredo Estrada-Adorno

ISBN: 978-0-9833-0439-5

Segunda Edición

A menos de se indique lo contrario los texto bíblicos son de la *Reina Valera Revisada (1995)*. Miami: Sociedades Bíblicas Unidas, 1998.

Impreso en Estados Unidos.

Editor General: José Raúl Febus-Paris

Diagramación & Arte: Wilmer Estrada-Carrasquillo

La foto de Juan L. Lugo usada en la portada fue una cortesía del hermana Pérsida Lugo, hija mayor del matrimonio Lugo-Ortiz.

La foto del mapa es de dominio público.

A

La hermana Pérsida Lugo Ortiz y Hulda Lugo Ortiz, hija mayor e hija menor, que aún le sobreviven al matrimonio del reverendo Juan L. Lugo y la hermana Isabelita Ortiz.

Agradecimientos

Gracias doy a mi Dios siempre por vosotros, por la gracia de Dios que os fue dada en Cristo Jesús.
1 de Corintios 1:4

En la investigación y redacción de este proyecto hay muchas personas que merecen una mención de honor por su ayuda y respaldo al mismo. Siempre hay personas que indirectamente formaron parte de ese grupo y que de alguna manera quedan, involuntariamente, en el anonimato. A todos y todas –los que menciono en esta nota de agradecimiento y los que se escapan de la misma- muchas gracias por acompañarme en esta jornada.

Mi agradecimiento a Benjamín Alicea Lugo, nieto de Juan L. Lugo y creador del proyecto el *Legado de Juan L. Lugo.* Ben fue una de las primeras personas que consulté al iniciar este proyecto. Ben me dio todo su apoyo y compartió conmigo, desprendidamente, mucho de la información que había adquirido para su proyecto del *Legado de Juan l. Lugo.* La hermana Pérsida

Lugo, hija mayor del hermano Lugo, me dio la oportunidad de conversar con ella sobre el ministerio de su padre y su madre, la hermana Isabelita Ortiz. En esa entrevista estuvieron presentes Ligia, Raquel y Juan Antonio (Totoño) – hijas e hijo de la hermana Pérsida y el reverendo Antonio Collazo y una de las hijas de Raquel. Ligia y Raquel Collazo-Lugo fueron de extraordinaria ayuda para conseguir información gráfica sobre la familia Lugo-Ortiz. De igual manera, Pérsida (Tita) Collazo-Lugo fue mi punto de contacto para mantener comunicación con su mamá la hermana Pérsida Lugo. Tuve el privilegio de mantener una conversación telefónica con Hulda Lugo, hija menor de los esposos Lugo-Ortiz, de mucho valor para este proyecto. Muchas gracias, hermana Hulda.

Durante mi investigación de los documentos oficiales de la familia Lugo- Caraballo, fui a la ciudad de Yauco, pueblo natal de doña Juana María Caraballo Feliciano y Juan L. Lugo Caraballo. Allí tuve la ayuda de una querida pareja matrimonial, Tito Caraballo y su esposa Miriam Marín. Esta pareja me ayudó a conseguir documentos de la fe de bautismo y certificados de matrimonio de varios miembros de la familia Lugo-Caraballo. Algunos de estos documentos forman parte de los anejos de esta obra. La secretaria de la casa parroquial de la Iglesia Católica de Yauco, fue muy gentil y colaboradora.

Dos personas han sido de especial ayuda para este volumen y el segundo que viene en camino. Me refiero a los reverendos, Dr. Luis A. Mateo, ministro de la Iglesia de Dios Pentecostal M. I. y el obispo Daniel Negrón, Superintendente del Distrito de la Iglesia Asambleas de Dios en Puerto Rico. Ambos fueron muy generosos en compartir documentos e información que, de otra manera, no hubiera tenido acceso a los mismos. ¡A mis queridos compañeros de este peregrinaje cristiano, muchas gracias!

En mi visita de investigación a los archivos del Centro de Estudios Puertorriqueños del *Hunter College* en la ciudad de New York, obtuve una asistencia especializada del archivista principal, Pedro Juan Hernández y su equipo de trabajo. A Pedro y a su equipo, mi agradecimiento de todo corazón.

Jana Mayer, Conservadora Asociada de la *Filson Historical Society,* fue de incalculable ayuda para identificar algunos documentos del gobernador Arthur Yager. Este era el gobernador de Puerto Rico, cuando Juan L. Lugo llegó a la Isla en el 1916. Algunos de esos documentos, pertinentes al tema de esta obra, los incluyo en los anejos como una cortesía de la *Filson Historical Society.*

Por dos semanas viví en la Colección Hawaiana y del Pacífico de la Biblioteca Hamilton de la Universidad de Hawái en Mānoa, Honolulu. El personal de esta sala fue extremadamente condescendiente durante mi estadía en la misma como investigador visitante. El apoyo del equipo de esta sala fue más allá de lo que esperaba. A todo ese equipo, mi gratitud sin reservas.

Una de las visitas que anticipaba hacer durante mi estadía de investigación en la Isla de Oahu, era la visita a la recreación de la villa de las plantaciones de las fincas de la caña en Hawái. Ésta está ubicada en la ciudad de Waipahu. Durante la visita que Carmen y yo hicimos a la misma, fuimos tratados con una atención muy especial. A ese grupo de empleados de la villa, nuestro agradecimiento.

De mi investigación antes de llegar a Hawái había dos personas que quería conocer y que no sabía si aún vivían y se encontraban en Hawái. Una de ellas era la investigadora puertorriqueña Norma Carr. Norma ha escrito el trabajo investigativo más minucioso sobre la inmigración puertorriqueña a Hawái; fue la tesis para su doctorado en filosofía en la Universidad de Hawái. La otra persona era el profesor retirado de español de la Universidad de Hawái en Mānoa, Austin Dias. Austin es un descendiente de portugueses y coreanos que escogió ser puertorriqueño por elección propia. También, ha hecho una intensa investigación sobre la poesía del poeta yaucano que emigró a Hawái, Carlos Mario Fraticelli. Además, fue un cercano colaborador tanto de Norma Carr como de Blase Camacho Souza en sus trabajos sobre los puertorriqueños en Hawái. El viernes 10 de julio de 2015 Austin nos llevó al hogar de Norma, ya de 86 años de edad, y pasamos una tarde juntos en una conversación exquisita sobre los puertorriqueños y puertorriqueñas que emigraron a Hawái. A Norma y a Austin mi agradecimiento por la oportunidad de dialogar con este investigador sobre la vida de los puertorriqueños y puertorriqueñas que emigraron a Hawái a principios del siglo veinte.

De igual manera, quiero reconocer en un homenaje póstumo a una verdadera puertorriqueña hawaiana, que me enseñó a respetar, venerar y distinguir a los puertorriqueños que salieron de Borinquen para Hawái. Me refiero a la profesora Blase Camacho Souza. Blase fue la nieta de una pareja de inmigrantes que llegó a Hawái en 1901. Nació en Hilo, en la Isla grande, en el 1918 y trabajó intensamente en conectar a los boricuas hawaianos con sus raíces en la tierra borincana. Hizo varias visitas a Puerto Rico, buscando sus propias raíces boricuas y en el 1985 llevó un grupo de 51 boricuas hawaianos, durante la época navideña, a la tierra de sus antepasados. En el malecón de Guánica dejaron una tarja como un monumento indeleble al tesón de sus aguerridos antepasados. Vivo muy agradecido de Blase por la puerta que me abrió para conocer más de cerca el *trabajo y tristeza* de esos primeros emigrantes al lejano archipiélago de Hawái.

El equipo de los archivos históricos en la capital de Maui fue de gran ayuda para la investigación que realizamos durante una larga visita al mismo. Siempre les estaré agradecido. De igual manera la visita al Museo en Maui de la única central azucarera que queda en Hawái. Ese grupo de personas que me asesoraron en la búsqueda del material que necesitaba fue muy eficiente.
En la Isla Grande tuvimos la oportunidad de visitar dos museos importantísimos. Uno de ellos, *Historic Baldwin Home Museum* y el *Lyman Museum* que recoge toda la historia de la familias misioneras que comenzaron a llegar de Nueva Inglaterra a Hawái desde 1834. El personal de esta institución fue de mucha ayuda para el proceso de investigación. De igual modo, mi agradecimiento a Wayne A. Subica, dueño del *Plantation Museum* que recoge la historia de la vida comunitaria de los diferentes "campamentos étnicos" en las plantaciones de azúcar en Hawái. Wayne fue de mucha ayuda.

Dos familias fueron de especial ayuda, durante la visita a Hawái. Ambas nos dieron la oportunidad de hacer más placentera la estadía en un lugar desconocido que visitábamos por primera vez. A Enrique y Nancy Acosta, que la noche del 29 de julio a las 10:45 de la noche, nos recibieron en el aeropuerto de Honolulu y nos llevaron a la casa donde nos hospedaríamos, le viviremos eternamente agradecidos. Para William y Neyda Lima que nos permitieron hospedarnos en su casa mientras ellos cumplían compromisos ministeriales en Los Ángeles, California, no tenemos palabras para expresarles nuestro agradecimiento. Para completar el servicio de primera clase William y Neyda nos permitieron usar su vehículo por dos semanas, lo que facilitó nuestro movimiento en la Isla de Oaho. A estas dos parejas de matrimonios jóvenes, muchas gracias por un servicio incondicional a una pareja de ancianos que ellos no conocían antes de este encuentro en Honolulu, Hawái.

A nuestro amigo de toda una vida, Víctor Pagán, que hizo posible el contacto para el encuentro con los jóvenes Lima en Hawái y por su apoyo constante a este proyecto, *mahola* (gracias). Como siempre, el apoyo de Víctor y Ada a mis proyectos es difícil de agradecer con palabras. De todas maneras, Víctor y Ada, muchas gracias por estar presente.

En un plano más familiar agradezco a José Raúl Febus -el Profe- por sus comentarios y sugerencias en la redacción y contenido de esta obra. Raúl revisó minuciosamente las notas al calce de este proyecto. A la doctora Miriam Figueroa que le dio una revisión final a todo el documento. A Wilmer, mi hijo menor, quien compartió conmigo la tarea de la producción y redacción de este trabajo e hizo la diagramación final para la publicación del mismo. Sin embargo, cualquier error de redacción que haya penetrado la edición final de este documento es de mi total responsabilidad.

A Willie, mi hijo mayor y Wallie, mi tercer hijo, quienes siguieron de cerca el proyecto de esta obra y me alentaron para concluirlo.

De igual manera, agradezco compartir la experiencia de este proyecto con mis nueras, Melissa, Laura y Bethany. Para mí, todo proyecto que he emprendido es uno familiar, donde de alguna manera toda la familia está incluida. Por eso no puedo dejar fuera a mis cuatro nietas, Zohar, Kalani, Mía y Valeria y mis dos nietos Caleb y Natán. Este pequeño grupo de nietas y nietos forma parte de los sueños y esperanzas de la familia Estrada-Carrasquillo.

En un plano más emotivo, a Keila, mi única hija. Ella, en esta dura realidad de la emigración puertorriqueña, representó -en nuestra familia- la que se quedó sola en su querida Borinquen, mientras contemplaba a su familia emigrar a Estados Unidos. En un sólo día despidió en el aeropuerto a su papá y mamá, su hermano menor y esposa con su dos hijas, para regresar a una casa vacía y reconstruir una vida nueva entre lágrimas, memorias y sueños. Sus otros dos hermanos ya habían emigrado. ¡Triste realidad! Keila, muchas gracias por lo que tú representas en la dura realidad de este pueblo dividido entre dos naciones. Admiro tu reciedumbre y capacidad para reinventarte en la peor de todas las circunstancias. ¡Eres un tesoro!

Finalmente, mi agradecimiento a Carmen que me ha acompañado en todo el trayecto de este interesante proyecto. Viajamos juntos por Puerto Rico, buscando información y documentos. Pasó largas horas acompañándome en la investigación en la Colección Hawaiana y del Pacífico de la Biblioteca Hamilton de la Universidad de Hawái en Mānoa. Me permitió usar nuestra casa como una sala de investigación, con libros y documentos por todas las esquinas de la casa. Me alentó y acompañó en todas las etapas del proyecto, animándome para que terminara sin desmayar el mismo; cedió mucho de su tiempo para ofrecerme espacio para la investigación y la redacción de esta obra. Pero, más importante aún: fue la compañera de oración que puso ante el Trono de la gracia todas las etapas de este proyecto y vimos milagros continuos a lo largo de los cerca de dos años de la jornada literaria. ¡Muchas gracias, Carmen, por tu acompañamiento incondicional!

Es posible que aún con toda esta lista de agradecimientos, se queden algunas personas fuera de la misma. Pero a todos y todas las que no he mencionado, mi agradecimiento y afecto particular. A todos y todas les digo, como decía el Ruiseñor de las Américas, don Pedro Vargas: *¡Muy agradecido, muy agradecido, muy agradecido!*

Wilfredo Estrada Adorno
Honolulu, Hawái
20 de julio de 2015

Índice

Prólogo

Para comprender el entusiasmo con que recomiendo la presente obra debo comenzar con una anécdota personal. Mi hermano se dedicó al estudio del Antiguo Testamento. Yo, a la historia de la iglesia. Un día nuestra madre, un poco en serio y bastante más en tono de buen humor, nos dijo: "¿Cuándo uno de ustedes se dedicará a estudiar a alguien que esté vivo?" De momento, le contestamos con algo del buen humor con que la pregunta fue hecha. Pero después, pensándolo más, llegué a la conclusión de que la pregunta era válida, y que nuestra respuesta era insuficiente. Nuestra madre tenía razón: en tiempos de guerra y de rumores de guerra, en tiempos en que la iglesia se ve obligada a redefinir y reemprender su misión, ¿por qué dedicarnos al estudio de personajes muertos largo tiempo ha, y de acontecimientos que los siglos parecen haber cubierto de polvo?

La respuesta nos la dan los evangelistas al contar que, cuando se le preguntó acerca de la resurrección de los muertos, Jesús respondió: "¿No han leído ustedes que Dios mismo dijo: 'Yo soy el Dios de Abraham, de Isaac y de Jacob'? ¡Y él no es Dios de muertos, sino de vivos!" (Mt 22.31-32, VP). A la pregunta de nuestra madre, acerca de por qué no estudiar a alguien que estuviera vivo, ¡pudimos haberle respondido que nuestro Dios es el Dios de Abraham, de Débora, de David, de Isaías, de María, de Pablo, de Perpetua, de Agustín y de toda la innumerable nube de testigos, y que Dios no es Dios de muertos, sino de vivos!

Cuando así vemos las cosas, reconocemos que el mismo amor y respeto que les debemos a los hermanos y hermanas que se sientan a nuestro lado en el mismo escaño en la iglesia se lo debemos también a todos esos otros hermanos y hermanas en la fe que nos han precedido, y con quienes nos sentaremos en el banquete de las bodas del Cordero. Su Dios es nuestro Dios. Su esperanza es nuestra esperanza. Y nuestra obra no es sino continuación de la de ellos.

Lo que mi amigo y colega Wilfredo Estrada Adorno se propone en esta obra es darnos a conocer este hermano nuestro en la fe, frecuentemente olvidado en medio de nuestros alborozos e inquietudes, sin recordar que es gracias a Juan L. Lugo y a muchos otros de esos hermanos y hermanas en la gran nube de testigos que somos quienes somos; que estamos parados sobre sus hombros, como una gran pirámide de esas que vemos en el circo, y que sin ellos nada seríamos.

Al leer lo que Estrada escribe, no puedo sino recordar lo que el Espíritu me impulsó a escribir hace bastantes años en ocasión de la muerte de un colega en el ministerio, y que me parece particularmente apropiado para Juan L. Lugo:

> Gracias, Dios vivo, por los que anunciaron
> en tiempos idos tu merced y gloria
> y los caminos con valor trazaron
> de nuestra historia.
>
> En noche oscura fue tu cruz su guía;
> tu cruz su sombra bajo el sol candente.
> En luz y sombras en su pecho ardía
> tu luz fulgente.

Muy rudos golpes en la lid sufrieron.
Empero al débil tú tornas fuerte,
y sin desmayo ellos te sirvieron
hasta la muerte.[1]

¿Cómo no dar gracias a Dios por un hermano que vivió las experiencias que Lugo vivió, que dio el testimonio que Lugo dio, y que sembró las semillas que hoy cosechamos? ¿Cómo pretenderemos ser fieles a la misión que hoy nos ha sido encomendada si no aprendemos de quienes antes se esforzaron por ser fieles a su misión? ¿Cómo nos entenderemos a nosotros mismos si no sabemos de dónde venimos, ni cómo llegamos a ser lo que somos?

Por otra parte, tales memorias del pasado frecuentemente se olvidan de los momentos difíciles, de los tiempos de duda o vacilación, y de los contextos en que tuvieron lugar. Cuando tal hacemos, caemos en la hagiografía, es decir, las bien conocidas "historias de santos" en las que se nos habla de tales creyentes como personas perfectas, casi como caídas del cielo. Cuando tal se hace, resulta ser que esos héroes y heroínas no son ya personas de carne y hueso, sino que son seres superiores, libres de toda angustia, seguras en todo lo que hacían. El resultado es entonces que, al tiempo que las veneramos, no son ya verdaderos modelos para nosotros, quienes bien conocemos nuestras angustias, nuestras flaquezas y desidias.

Estrada no cae en tal trampa. Su manifiesto amor por Lugo no le lleva a entenderle ni a presentarle como un ser sobrehumano. Es por eso que toda la historia del contexto en que Lugo vivió, y de las diversas etapas de su vida y ministerio, son tan importantes. No es solo cuestión de saber que Lugo fue un gran hombre *de Dios*, sino también de verle como un *hombre* de Dios. Es en la humanidad de personas como Lugo que vemos reflejos de nuestra propia humanidad, y en sus luchas, decisiones y obras que encontramos guía e inspiración para las nuestras. Por esa razón, cabe destacar, en las páginas que siguen, el interés que Estrada les

---

[1] Himnario *Mil voces para celebrar* (Nashville: United Methodist Publishing House, 1996), no. 386.

da a los diversos contextos en que Lugo se desenvolvió, no solo en cuanto a la fe y las creencias, sino también en cuanto a lo social y económico.

Lugo nos sirve de ejemplo e inspiración. Y quizá en algunos casos también de advertencia. Al producir esta biografía, Estrada ha recuperado parte esencial de un legado sin el cual no se comprende el carácter actual del protestantismo en Puerto Rico. Se trata de un legado que, a la vez que motivo de orgullo y de inspiración, puede ayudar a ese protestantismo a enfrentarse con firmeza y sabiduría a los retos de hoy.

Aun más, Estrada no se conforma con eso. Nos promete además otros dos volúmenes en secuela del presente. El primero de ellos —el segundo de la serie— nos ayudará a entender el proceso mediante el cual lo que se inició en la obra de Lugo ha resultado en el pentecostalismo puertorriqueño de hoy. El segundo —es decir, el tercero de la serie— nos ofrecerá las reflexiones del autor acerca de cómo esa historia, desde Lugo hasta hoy, se refleja en ese pentecostalismo, y lo que es dado aprender de ella.

Mientras esperamos esos otros dos volúmenes, el presente deberá bastar para llamarnos a un nuevo sentido de misión. Al leerlo, me ha parecido que, tras dar gracias a Dios por personajes como Lugo, no hay otra respuesta sino decir, como terminaba el himno antes citado:

> Hoy que nos toca continuar su historia,
> no te pedimos que nos des reposo
> hasta, con ellos, compartir en gloria
> tu eterno gozo.

¡Así sea!

Justo L. González
Decatur, GA
Agosto, 2015

Introducción

Puesto que ya muchos han tratado de poner en orden
la historia de las cosas que entre nosotros han sido ciertísimas,
tal como nos las enseñaron los que desde el principio las vieron
con sus ojos y fueron ministros de la palabra, me ha parecido
también a mí, después de haber investigado con diligencia
todas las cosas desde su origen, escribírtelas por orden,
excelentísimo Teófilo, para que conozcas bien la verdad
de las cosas en las cuales has sido instruido.

Lucas 1:1-4

Génesis del proyecto

Para marzo del año del 2014 se despertó en mí el deseo de escribir
un ensayo sobre las particularidades de la teología pentecostal
puertorriqueña. Luego de cerca de cincuenta años de transitar
como pentecostal por el Caribe inglés e hispano, Latinoamérica,
Estados Unidos y otros países de Europa y Asia, me di cuenta que
el pentecostalismo puertorriqueño mostraba unas características
extremadamente singulares. Mientras me encontraba escribiendo

el ensayo sobre la teología pentecostal puertorriqueña, recibí una invitación del Dr. Luis N. Rivera-Pagán, para participar en un foro que auspiciaba la asociación de exalumnos del Seminario Evangélico de Puerto Rico, en el mes de agosto de 2014. En este foro presenté mis primeros esbozos del trabajo con el compromiso personal de continuar mi proyecto de ensueño.

Durante mi visita a Puerto Rico en agosto de 2014, me percaté de la proximidad de los cien años de la llegada del evangelio pentecostal a la Isla. Juan L. Lugo había llegado a Puerto Rico como pionero de pentecostés en el año 1916. De inmediato, mi proyecto sobre el ensayo de la teología pentecostal puertorriqueña, sufre una modificación interesante. Decidí iniciar el proyecto, primero, examinando el trasfondo sobre la llegada de pentecostés a Puerto Rico, para luego, reexaminar el desarrollo de pentecostés en Borinquen y, finalmente, evaluar la teología pentecostal puertorriqueña. Ahora la asignación era un poco más abarcadora y tomé la decisión de escribir un trabajo en tres volúmenes. El primer volumen, que es el que sale ahora a la luz, es un esfuerzo apasionado por seguir la ruta de cómo llegó el evangelio pentecostal a Puerto Rico. A este proyecto, con la ayuda de Dios, le seguirán los trabajos de los otros dos volúmenes arriba mencionados.

La ruta del evangelio pentecostal puertorriqueño

La historia de la llegada del evangelio pentecostal a Puerto Rico es una extraordinariamente exquisita. Es una historia tachonada de sinsabores, lágrimas, dolor y esperanzas, que se va develándose en tiempo y espacio de forma asombrosa. Mi interés en este primer trabajo es servirles de guía y pedirles que me acompañen en un viaje que comienza con desesperanza y tristeza, pero que culmina con esperanza y alegría. No es un viaje fácil y cómodo, pero es un viaje que nos confronta con la realidad de la vida del ser humano y cómo el Dios de esperanza se encarna en las situaciones de mayor privación social y económica para ofrecer *la vida mejor* en medio de esos contextos de negación de la vida abundante.

Mi recorrido de la ruta del evangelio pentecostal puertorriqueño se inicia con la historia de la primera ola de la emigración puertorriqueña a Hawái entre finales de 1900 y octubre de 1901. En esta ola de emigrantes salieron de la Isla cerca de 5,605 puertorriqueños y puertorriqueñas. Estos hombres y mujeres, agobiados por la situación económica de la Isla, la falta de empleo, los efectos devastadores del huracán San Ciriaco, la política migratoria del gobierno colonial implantado luego de la invasión norteamericana de 1898[2] y animados por los cantos de sirena de los reclutadores de la Asociación Hawaiana de los Plantadores de Caña de Azúcar (HSPA, por sus siglas en Inglés), se lanzaron a una aventura a las lejanas islas del pacífico en busca de *la vida mejor*.

En este relato –intensamente emotivo- acompaño al primer grupo de la ola de emigrantes borincanos a Hawái, desde su salida de Puerto Rico, hasta su llegada a Hawái. La razón específica para hacer este viaje es porque en el mismo viajó el niño Juan Dionicio Lugo Caraballo que, dieciséis años más tarde, regresaría a Puerto Rico como Juan L. Lugo y portador del evangelio pentecostal. La decisión de su madre, doña Juana María Caraballo

---

[2] Sobre la invasión el autor recomienda ver los siguientes textos reconocidos por los especialistas en el tema: Angel Rivero Méndez, *Crónica de la guerra hispano-americana en Puerto Rico* (University of Michigan Library, 1922); Louis A. Pérez Jr., *The War of 1898: The United States and Cuba in History and Historiography*, a edition (Chapel Hill: The University of North Carolina Press, 1998); Maria Eugenia Estades Font, *La presencia militar de Estados Unidos en Puerto Rico, 1898-1918: Intereses estratégicos y dominación colonial*, 1a ed edition (Río Piedras, P.R: Ediciones Huracan, 1988); Raymond Carr, *Puerto Rico: A Colonial Experiment*, 1st Vintage Books ed edition (New York: Vintage, 1984); *The New Empire: An Interpretation of American Expansion 1860-1898*, 35th Anniversary edition (Ithaca, N.Y: Cornell University Press, 1998); Frederick Merk, *Manifest Destiny and Mission in American History: A Reinterpretation* (Literary Licensing, LLC, 2012); *The Legal Construction of Identity: The Judicial and Social Legacy of American Colonialism in Puerto Rico* (Washington, DC: American Psychological Association, 2001); Samuel Silva Gotay, *La iglesia católica de Puerto Rico en el proceso político de americanización: 1898-1930* (Río Piedras, P.R.: Publicaciones Gaviota, 2012); Samuel Silva Gotay, *Protestantismo y politica en Puerto Rico, 1898-1930: Hacia una historia del protestantismo evangélico en Puerto Rico*, 1. ed edition (San Juan, P.R: Editorial de la Universidad de Puerto Rico, 1997); Alfred Thayer Mahan, *Lessons of the War with Spain and Other Articles*, ed. The Perfect Library (CreateSpace Independent Publishing Platform, 2015); Sobre la situación de pobreza que impulsa la migración en el período de la invasión se recomiendan los siguientes: Fernando Picó, *1898: La guerra después de la guerra*, 1a ed edition (Río Piedras, P.R: Ediciones Huracan, 1987); Carmelo Rosario Natal, *Los pobres del 98 puertorriqueño: Lo que le pasó a la gente* (San Juan de Puerto Rico: Producciones Históricas, 1998).

Feliciano, viuda de José Rosario Lugo Castañón, de iniciar un viaje de esperanza para ella y su familia, se analiza dentro de los parámetros del proyecto de esperanza de grandes proporciones del Dios de mi fe, para una Isla agobiada por la pobreza material y espiritual. Como en la historia bíblica, Dios usa los movimientos migratorios de los pueblos para realizar su voluntad "aquí en la tierra como en los cielos". Por consiguiente, este evento migratorio de esta humilde familia, se examina como uno de los ángulos de esperanza reservado por el Dios de la historia para la patria puertorriqueña.

Es importante señalar de inmediato que para reconstruir esta historia de la llegada de pentecostés a Puerto Rico, sólo hay un documento primario que relata la misma. Me refiero a la autobiografía de Juan L. Lugo: *Pentecostés en Puerto Rico: La vida de un misionero*. Esta obra fue redactada por Edmundo Jordan del recuento que Juan L. Lugo le hizo cerca del año 1950. La obra se publicó en el 1951. Lugo le cuenta a Edmundo sus recuerdos de los eventos que ocurrieron relacionados con su vida, la obra pentecostal en California, en Puerto Rico, en el Caribe y en el este de Estados Unidos, desde el 1900 hasta 1950. En otras palabras, mucho del relato se detalla cincuenta años después de haber ocurrido. Este investigador consultó las fuentes que tuvo disponible para corroborar mucho del recuento de Juan L. Lugo. Fue extraordinariamente reconfortante confirmar la veracidad del recuento realizado por Lugo en su autobiografía.

Para reconstruir el contexto político, histórico, económico, cultural y gubernamental, el autor consultó las fuentes indicadas durante su investigación en el Centro de Estudios Puertorriqueños del *Hunter College* en New York, la biblioteca *Hamilton* de la Universidad de Hawái y el Centro para Estudios Latinos del Seminario Teológico Pentecostal en Cleveland, Tennessee y una serie de entrevistas personales a miembros de la familia Lugo y personas que conocieron al reverendo Juan L. Lugo. Esta investigación llevó al autor a detenerse en un estudio muy cuidadoso sobre la emigración puertorriqueña a Hawái entre noviembre de 1900 a octubre de 1901. La razón fue obvia: Lugo formó parte del primer grupo de emigrantes que salió para Hawái el 22 de noviembre de 1900.

Los primeros puertorriqueños y puertorriqueñas que salían de la Isla, eran aquellos que pertenecían a las clases más acomodadas. Algunos eran negociantes, otros hijos de familias pudientes que iban a recibir su educación en Estados Unidos o en Europa. Otro grupo pertenecía a la clase política y salía, (1) por sus gestiones en la metrópolis del poder colonial de turno, (2) para conseguir apoyo para sus gestiones políticas en algún país amigo, o (3) al destierro político para preservar su vida.

Sin embargo, las grandes olas migratorias de los puertorriqueños y puertorriqueñas pertenecieron a los obreros de las clases pobres que salían de la Isla impulsados por su situación económica deprimente y animados, en la mayoría de las veces, por el gobierno mismo para intentar resolver lo que llamaba el problema de la "sobrepoblación" de Puerto Rico. Este grupo de trabadores salía de la Isla en pos del sueño de *la vida mejor,* sin protección laboral alguna, maltratados y engañados por los patronos que los recibían en sus tierras como mano de obra barata para enriquecer las arcas de los grandes magnates de la industria agrícola o de la construcción. Ese fue el caso de la emigración que salió para Hawái a principios del siglo veinte y que es objeto de análisis en este trabajo, como cortina de fondo, para la llegada de pentecostés a Puerto Rico.

Ha sido un recorrido de mucho trabajo, viajes y largas horas de estudio, investigación y redacción, pero de mucha satisfacción. En el proceso aprendí a respetar, admirar y celebrar la valentía y reciedumbre del grupo de puertorriqueños y puertorriqueñas que salió a fines del 1900 y durante todo el 1901 en busca de *la vida mejor* al archipiélago de Hawái. Entre ellos, a doña Juana María Caraballo Feliciano y Juan L. Lugo. No fue un proceso fácil; en ocasiones, como en el momento que escribo estos párrafos, tuve que pausar para llorar y meditar, al vivir en carne propia la experiencia de desesperanza y desarraigo de tierra, agua y cultura, de aquellos empobrecidos campesinos y campesinas que sólo querían trabajar para ofrecerles a sus respectivas familias *la vida mejor*. Sin lugar a dudas, las experiencias de aquellos primeros emigrantes borincanos y borincanas son el mejor testimonio en el altar del sacrificio, de un pueblo que aún permanece dividido entre dos naciones. Su amor por su patria en aquella dura realidad -a

6,000 millas de distancia- es un himno patriótico digno de celebrar y entonar.

Hoy, a 6,000 millas de distancia de mi querida Borinquen – desde Honolulu, mientras escribo estos párrafos- reconozco que la situación de mi tierra amada parece asemejarse a la de principios del siglo veinte. En el 2015 la crisis económica de la Isla ha alcanzado niveles insufribles y nuevamente una ola masiva de puertorriqueños y puertorriqueñas abandonan la Isla en busca de *la vida mejor*. Es posible que en la medida que la crisis económica empeore, la emigración hacia Estados Unidos sea mayor. De hecho, en este momento vivimos más puertorriqueños y puertorriqueñas en Estados Unidos que en Puerto Rico. De acuerdo a un estudio reciente del *Pew Research Center,* para el 2013 la población de puertorriqueños que vivían en Puerto Rico era de 3.5 millones, mientras la que vivía en Estados Unidos era de 5.1 millones.[3] En un artículo reciente del periódico *El Nuevo Día* el cuadro que se pinta es desolador. Señala el artículo que en el año 2014:

> [S]e fueron de la isla –y no regresarán- más de 50,000 puertorriqueños, según datos del Negociado del Censo. La inversión educativa en los ahora inmigrantes –de los cuales se estima que alrededor de 5,000 fueron alumnos de algún recinto de la UPR- no producirá ingresos en la economía puertorriqueña. El impacto podría ser mucho mayor si se toma en cuenta que, entre 2005-2014, cerca 383,000 personas han abandonado el país.[4]

El artículo señala, además, que el costo de la educación para el pueblo de Puerto Rico por cada estudiante que emigra de la Isla fue de $16,383. A base de las cifras dadas en este artículo, el diez por

---

[3] Jens Manuel Krogstad, Mark Hugo López, and Drew DeSilver, "Puerto Rico's Losses Are Not Just Economic, but in People, Too," *Pew Research Center,* accedido el 3 de febrero de 2015, http://www.pewresearch.org/fact-tank/2015/07/01/puerto-ricos-losses-are-not-just-economic-but-in-people-too/.

[4] Ricardo Cortés Chico, "Inversión que se marcha," *El Nuevo Día,* accedido el 3 de abril de 2015, http://www.elnuevodia.com/noticias/locales/nota/inversionquesemarcha-2075627/.

ciento de los emigrantes –en el 2014- fueron estudiantes del sistema público universitario del país (5,000 de 50,000). Si aplicamos ese por ciento a los emigrantes que abandonaron la Isla desde el 2005 al 2014 (383,000) – cifra que también ofrece el artículo- los números son alarmantes. El diez por ciento de 383,000 es 38,300. Eso quiere decir, que si las cifras ofrecidas en el artículos son correctas del 2005 al 2014 –en un periodo de 10 años- 38,300 estudiantes formados en el sistema público universitario, abandonaron la Isla. A base de los números que ofrece el artículo sobre la inversión anual de fondos públicos en la UPR por cada estudiante -$16,383- el monto aproximado de inversión en inteligencia que se nos escapó del país en diez años, fue de cerca de 628 millones. Con esa realidad económica y social un país no puede echar adelante.

Las consecuencias de esta situación son sofocantes para la crisis económica de la Isla. Según el informe del *Pew Research Center*, en la medida en que más personas abandonan la Isla, se dificulta la habilidad del país para recuperarse. Pero de igual manera, si la gente no encuentra trabajos en su tierra, se mueven a otros lugares en busca de *la vida mejor*. Para Puerto Rico esto significa menos capacidad productiva y menor demanda de consumo a largo plazo. Exactamente -claro, en un contexto diferente- esa fue la situación que los emigrantes puertorriqueños enfrentaron en el 1900. La realidad ha sido que siempre ha emigrado de la Isla el pueblo productivo. A principios del siglo veinte, los trabajadores de la caña, del café y del tabaco; en el presente los profesionales productivos. Esa realidad migratoria es una rémora para la capacidad productiva de Puerto Rico. La historia se repite ciento quince años después. Lo lamentable es que no hemos aprendido las lecciones del pasado.

Atendiendo la realidad histórica que sirvió como telón de fondo a la salida de los braceros puertorriqueños a Hawái, el capítulo uno de este proyecto analiza los efectos históricos que, a juicio del autor, fueron fundamentales para propiciar la salida de cerca de 5,605 puertorriqueños y puertorriqueñas a las Islas del Pacífico en menos de una año a principios del siglo veinte. El análisis también revisa el dolor y tristeza que se generó entre los miembros de las familias que salieron de la Isla y los que se quedaron en su *desdichada Borinquen* y, de igual manera, revisa los fenómenos atmosféricos, la situación económica, las políticas gubernamentales y los anuncios engañosos para reclutar trabajadores para las plantaciones de caña de azúcar en Hawái. La situación de la industria de la caña en Hawái, necesitaba mano de obra barata y al verse impedida de importar mano de obra china por el Acta de Exclusión China, firmada por el presidente Chester A. Arthur el 6 de mayo de 1882,[5] recurrieron a la mano de obra barata y experimentada en el cultivo de caña de los puertorriqueños. De hecho, las primeras reuniones para conseguir la mano de obra de los puertorriqueños para ir a Hawái, se dieron en Washington, D.C. entre el comisionado residente de Puerto Rico, Federico Degetau y el delegado de Hawái a la Cámara de Representantes, Robert William Wilcox. [6]

En el segundo capítulo de esta obra acompaño en el viaje a los primeros braceros puertorriqueños en su peregrinaje hacia Hawái. En este capítulo se examinan las vicisitudes y odisea del viaje por barco de San Juan a *New Orleans*, luego por tren de *New Orleans* a San Francisco y finalmente en barco de San Francisco a Honolulu, Hawái. Fue una travesía muy dolorosa. Las condiciones infrahumanas del viaje hicieron que muchos de los viajeros a

---

[5] Ver "Chinese Exclusion Act - Facts & Summary," *HISTORY.com*, accedido el 9 de septiembre de 2014, http://www.history.com/topics/chinese-exclusion-act. El Acta de Exclusión China de 1882, fue la primera ley que prohibía la inmigración a los Estados Unidos. Los residentes de la Costa Oeste le atribuían la precaria situación de salarios bajos y maleficios económicos a la presencia de los detestables chinos, a pesar de que los chinos eran sólo el .002 por ciento de la totalidad de la población. El Congreso aprobó la ley para atender las crecientes demandas de los trabajadores anglosajones y para mantener la pureza de la raza blanca. Este estatuto de 1882, suspendió la inmigración china por diez años y hacía inelegible a los chinos para la naturalización. El estatuto fue renovado en el 1892 por otros diez años y en 1902 la inmigración china fue considerada ilegal, permanentemente. Finalmente los chinos fueron considerados elegibles para la ciudadanía estadounidense en el 1943.

[6] Milton N. Silva and Blase Camacho Souza, "The Puerto Ricans," *Social Process in Hawaii* 29 (1982): 88–83. Milton N. Silva y Blase Camacho Souza sostienen que fueron estos dos comisionados, quienes parearon la necesidad de proveer para la desesperada situación de los campesinos puertorriqueños con la necesidad de los varones de la plantaciones de azúcar de Hawái. Ambos se pusieron de acuerdo para "invitar" a las familias puertorriqueñas para ubicarse y trabajar en Hawái.

Hawái abandonaran el viaje en el camino. Muchos otros, lo intentaron sin éxito; algunos murieron en camino antes de llegar a su destino final. Finalmente llegaron a Hawái 56 de los 114 que salieron de Puerto Rico.

Fue en la ciudad de San Francisco donde el mayor número de braceros desertó del viaje y rehusaron abordar el vapor la "Ciudad de Río Janeiro" que los llevaría al puerto de Honolulu en la isla de Oahu, Hawái. La trayectoria de San Francisco a Hawái fue difícil y desesperante. El grupo de viajeros, desafortunadamente, tuvo que revivir la experiencia del huracán San Ciriaco, que había sufrido hacía sólo un año. Rumbo hacia Honolulu se encontraron con otra tormenta de fuertes vientos. ¡Triste realidad! Así llegamos con este grupo de braceros a Hawái, luego de un viaje de un mes y un día en busca da *la vida mejor*; arriban a Hawái, maltratados, heridos en su dignidad, agobiados, hambrientos, débiles y muchos enfermos. Era un cuadro muy doloroso; aún al describirlo ciento quince años después me resulta deprimente.

En el tercer capítulo de este trabajo, comienzo a seguirle la pista a doña Juana María Caraballo Feliciano, madre de Juan L. Lugo, y su familia en las islas de Hawái. Viajo con ellos a la isla de Kauai, luego a Maui y finalmente a Honolulu, Oahu, donde estaban ubicadas las instalaciones de la Estación Experimental Agrícola de la Asociación Hawaiana de Plantadores de Caña de Azúcar (HSPA). Es en este lugar donde se organiza la primera iglesia pentecostal puertorriqueña, apoyada por los misioneros que salieron del avivamiento de la calle Azusa en Los Ángeles y que iban rumbo a Japón y China. En esa congregación de los puertorriqueños y puertorriqueñas que trabajaban en las instalaciones de la Estación Experimental, ubicada en el Valle Makiki, doña Juana y su esposo Juan Bautista Medina conocieron el mensaje pentecostal.

De igual manera, relato el testimonio de doña Juana a su hijo Juan, que había regresado a vivir perdidamente en la isla de Kauai, lugar de su hogar de niño. Paralelamente, acompaño a Juan en su regreso a Honolulu y su experiencia de conversión, bautismo en agua y experiencia de bautismo con el Espíritu Santo. El capítulo concluye relatando la relación de trabajo pastoral y evangelístico, durante tres años, de Juan L. Lugo con su pastor Francisco Ortiz y su amigo inseparable de luchas pastorales, evangelísticas y misiones, Panchito Ortiz, hijo del pastor Francisco Ortiz. De este modo, se prepara el camino para la salida permanente de Juan L. Lugo de Hawái.

En el cuarto capítulo me marcho a San Francisco con Juan L. Lugo, Francisco Ortiz y Panchito Ortiz, en lo que será la salida permanente del joven Lugo de Hawái. Este capítulo cubre un periodo de tres años de la vida de Juan L. Lugo. En el mismo examino el periodo de preparación ministerial de Lugo para la obra misionera, evangelística y pastoral en Puerto Rico. Este fue un tiempo de intensa formación ministerial para un joven con muy poca experiencia de convertido y formación bíblica. En este periodo se combinan de una manera singular el estudio formal de la Biblia con la práctica ministerial.

En el quinto capítulo viajo con Juan L. Lugo en, posiblemente, la trayectoria más emocionante de su vida ministerial. Finalmente, su visión de regresar a Puerto Rico a predicar el mensaje pentecostal, se había cumplido. Llego con el apóstol de pentecostés a las oficinas generales del Concilio General de las Asambleas de Dios en San Luis, *Missouri* y nos reunimos con el reverendo Joseph Roswell Flower. Luego de esta reunión continuamos el viaje hacia *New York*, a la casa misionera de la iglesia *Glad Tidings Tabernacle*, fundada por Marie y Robert Brown. Después de un tiempo de reuniones y consejos de experimentados misioneros, estamos listos para abordar el vapor que conduciría a Juan L. Lugo a Puerto Rico. En la mañana del 30 de agosto de 1916 abordé con Juan L. Lugo el vapor "Carolina" que lo llevaría como misionero pentecostal del Concilio General de las Asambleas de Dios a Puerto Rico.

En el capítulo sexto y último de esta obra llego con Juan L. Lugo a Puerto Rico en la noche del 30 de agosto de 1916. En este capítulo reviso los primeros pasos de este joven misionero y describo en términos generales la situación política, económica y social en la cual el inexperimentado joven misionero inició su proyecto de presentar el evangelio pentecostal en la tierra que lo vio nacer, pero para la que en este momento él era un extraño. En el mismo reviso el trabajo de 24 días en Santurce y luego el desarrollo de la obra pentecostal en la ciudad de Ponce.

Así concluye el primer volumen de esta obra, con el compromiso del autor de producir un segundo volumen sobre el desarrollo de la obra pentecostal en sus primeros cien años de vida y un tercer volumen donde se discutirá la teología de la iglesia pentecostal puertorriqueña. Espero que el Dios de gracia y bondad me de salud y vida para completar la tarea que me he autoimpuesto.

Le añado a la obra una posdata que estimo que pone en perspectiva todo el esfuerzo utilizado para realizar este obra. Refleja mi respuesta profundamente emotiva y reverente ante la figura gigante e imponente del reverendo Juan L. Lugo. De igual manera, intenta transmitir un deseo y esperanza de que todos y todas -como pueblo pentecostal- aquilatemos, sin reservas, el legado de Juan L. Lugo al pueblo puertorriqueño, a la zona del Caribe y a la parte este de Estados Unidos.

Finalmente, en los anejos comparto una serie de documentos, que anticipo enriquecerán la historia que narro en esta obra. Los mismos están encaminados a fortalecer la presentación de esta historia extraordinaria y llena de profundo significado para la vida evangélica pentecostal de Puerto Rico.

No puedo concluir estos párrafos de introducción a esta obra sin celebrar la oportunidad que he tenido de viajar físicamente a los lugares geográficos donde estuvo Juan L. Lugo. La visita a Yauco, su ciudad natal; encontrar documentos oficiales de su familia en la iglesia Católica de Yauco fue una experiencia hermosa. La visita a la barriada Figueroa en Santurce, donde realmente comenzó pentecostés en Puerto Rico, fue indescriptible. La visita a la capilla de la calle Intendente Ramírez, esquina Acueducto, en el Sector Mayor Cantera, donde se estableció la primera iglesia pentecostal en Ponce, fue una experiencia sublime. Caminar por las ciudades cercanas a la Bahía de San Francisco y la ciudad de Los Ángeles, fue extraordinariamente simbólico. Caminar por el "Barrio" en la ciudad de New York y mirar algunas de las iglesias donde el reverendo Juan L. Lugo predicó, no hay manera de aquilatarlo.

Pero siéntense, todavía no les he contado mi experiencia más dulce, sublime y profundamente espiritual. Me refiero a mi viaje soñado a Hawái para recorrer la ruta de los puntos principales donde estuvo Juan L. Lugo en este archipiélago del Pacífico. Carmen y yo llegamos a Hawái a las 10:45 de la noche del 29 de julio de 2015. La visita a Hawái puso en justa perspectiva toda la investigación que sobre el tema venía realizado por cerca de dos años. Caminar junto a Carmen por la arena de la playa Waikiki, donde fue bautizado Juan L. Lugo, fue una experiencia de ensueño. Visitar el sector de Makiki, el área bordeada por la avenida Wilder, la Calle Makiki y la Keeaumoku, donde estuvo ubicada la Estación Experimental Agrícola de la Asociación Hawaiana de Plantadores de Caña Azúcar desde el 1895, fue espectacular. Ambas experiencias me hicieron revivir las páginas de la autobiografía de Juan L. Lugo: *Pentecostés en Puerto Rico: La vida de un misionero*. En ese lugar, cerca de 1910, se formó la primera congregación pentecostal puertorriqueña. En esa humilde iglesia de braceros puertorriqueños, se convirtieron y fueron bautizados con el Espíritu Santo, Juana María Caraballo Feliciano, Juan Bautista Medina y Juan Dionisio Lugo Caraballo, mejor conocido como Juan L. Lugo. ¡Caminar por ese sector fue regresar en el tiempo cien años de historia! Ciertamente, esta experiencia la he considerado un verdadero privilegio.

Tres sitios geográficos eran importantes en mi visita al archipiélago del Pacífico: la isla Kauai, donde llegó doña Juana con su familia a fines de diciembre de 1900, la isla Maui, a donde se mudó cerca de 1906 y la isla Oahu, donde está la capital, Honolulu. En Honolulu la encontramos ya para el 1910. En esta ciudad conoció al Señor y llevó a su hijo Juan a conocer el evangelio poderoso de pentecostés. Realmente esta es una historia sublime y reafirma el poder de la gracia redentora de nuestro Dios amoroso.
No debo concluir este diálogo introductorio, sin recalcarles que este recuento histórico de la llegada de pentecostés a Puerto Rico, está enraizado en el contexto histórico, político, económico y social que rodeó la salida -entre los años 1900-1901- de los braceros puertorriqueños y puertorriqueñas para las islas de Hawái. He

intentado hacer un estudio serio del contexto que precedió la llegada de pentecostés a Puerto Rico, porque creo que el desarrollo de la fe religiosa siempre se da en tiempo y espacio y los eventos históricos, culturales, económicos, naturales y políticos, afectan la manera como se desarrolla nuestra fe religiosa.

Mi penúltima palabra va encaminada a decirles, que ofrezco este trabajo como un esfuerzo serio y honesto de continuar el diálogo sobre la historia de un movimiento religioso que ha marcado significativamente la historia de mi patria. ¡No tengo la última palabra en nada! Reciban esta obra como una invitación adicional a continuar el diálogo sobre este fascinante tema. ¡Adelante con la lectura!

Wilfredo Estrada-Adorno
Honolulu, Hawái
7 de julio de 2015

Capítulo I: Trasfondo histórico

Así, pues, no me enviasteis acá vosotros, sino Dios,
que me ha puesto por padre del faraón,
por señor de toda su casa y
por gobernador en toda la tierra de Egipto.
Génesis 45:4-8

La multiforme gracia de Dios sobre los eventos históricos

El profeta Isaías declara en el capítulo 55 y verso 9 una afirmación que ayuda a definir lo extraordinario e insondable de la multiforme gracia de Dios sobre los acontecimientos históricos relacionados con la llegada de Pentecostés a Puerto Rico. La declaración bíblica señala: "Como son más altos los cielos que la tierra, así son mis caminos más altos que vuestros caminos y mis pensamientos, más que vuestros pensamientos". El triángulo de acontecimientos históricos sobre la llegada del pentecostalismo a la Isla conecta a Puerto Rico, Hawái y Los Ángeles por eventos aparentemente independientes, pero unidos por la multiforme gracia del Dios de la historia. Unos de los temas recurrentes en el relato bíblico es el señorío de Dios sobre los eventos históricos. Sólo unas breves citas bíblicas comprueban esta realidad. En la conmovedora escena del libro de Génesis, donde José se da a conocer a sus hermanos, se relata lo siguiente: Pero José les dijo:

> Yo soy José, vuestro hermano, el que vendisteis a los egipcios. Ahora, pues, no os entristezcáis ni os pese haberme vendido acá, porque para salvar vidas me envió Dios delante de vosotros. Pues ya ha habido dos años de hambre en medio de la tierra, y aún quedan cinco años en los cuales no habrá arada ni siega. Dios me envió delante de vosotros para que podáis sobrevivir sobre la tierra, para daros vida por medio de una gran liberación. Así, pues, no me enviasteis acá vosotros, sino Dios, que me ha puesto por padre del faraón, por señor de toda su casa y por gobernador en toda la tierra de Egipto (Génesis 45:4-8).

En la epístola a los Gálatas, por otro lado, Pablo declara: "Pero cuando vino el cumplimiento del tiempo, Dios envió a su Hijo, nacido de mujer y nacido bajo la Ley, para redimir a los que estaban bajo la Ley, a fin de que recibiéramos la adopción de hijos" (Gal. 4:4). Más aún, en el libro de Los Hechos, Lucas afirma:

> Cuando llegó el día de Pentecostés estaban todos unánimes juntos. De repente vino del cielo un estruendo como de un viento recio que soplaba, el cual llenó toda la casa donde estaban; y se les aparecieron lenguas repartidas, como de fuego, asentándose sobre cada uno de ellos. Todos fueron llenos del Espíritu Santo y comenzaron a hablar en otras lenguas, según el Espíritu les daba que hablaran (Hc 2:1-4).

Estos pasajes bíblicos dan testimonio del señorío de Dios sobre los acontecimientos históricos. Es dentro del contexto de la multiforme gracia de Dios sobre la historia, que analizo en este trabajo la llegada de pentecostés a Puerto Rico.

Dolor y tristeza en ambos lados de la primera migración puertorriqueña a Hawái

La tesis que sostengo en éste trabajo intenta conectar sucesos históricos que a primera vista no tienen relación alguna, pero que en la gracia amorosa del Dios de la misericordia, prepara el camino para la llegada del movimiento pentecostal a Puerto Rico. El primer eslabón de esta cadena, que culmina con la llegada de Pentecostés a la Isla, es la primera migración puertorriqueña a las Islas de Hawái entre los años 1900-1901. Ésta, posiblemente, sea la migración de puertorriqueños y puertorriqueñas más inhumana y rodeada de profundo dolor, lágrimas, desesperación y tristeza en ambas partes de la ecuación geográfica. De una parte, dolor, lágrimas, rabia, desesperación e impotencia para los que quedaron atrás en la Isla caribeña y sufrieron la separación de sus seres queridos, la mar de la veces, involuntariamente. Para entender este dolor profundo es mejor escucharlo directamente de las personas que se quedaron en la Isla, invadidas por la impotencia, desesperanza, incertidumbre y angustia desgarradora. Unos lo expresaron en cantos desde su angustia y otras personas en cartas de súplicas y ruegos. Un fragmento poético de una de las personas que se quedó en la Isla, desborda y rasga su manto de tristeza de la siguiente manera:

> Jamás he visto, sin sentir tristeza,
> embarcar a los pobres emigrantes.
> Cuando los miro cual rebaño humilde,
> anonadados en la vieja nave,
> marchar muy lejos de la dulce patria,
> mi alma los sigue con amor de madre.
>
> Y allá van, como las golondrinas,
> buscando tierras y cruzando mares
> Y allá los oscuros luchadores
> llevando la ilusión por estandarte.
>
> ¿Cuántos perecerán? ¡Quién los ayudará!
> ¿Cuántos serán vencidos? ¡Quién lo sabe!
> Siempre es dura la vida para el pobre,
> Y nunca el hombre vence sin combate

Y es duro batallar en tierra extraña
sin auxilio de la familia amante,
sin una mano que el sudor enjugue,
sin un amor que el desconsuelo calme;
mirando cada vez más lejos, más lejos,
la ilusión que no había de realizarse.

Por eso lloro cuando triste miro
Embarcar a los pobres emigrantes[7].

Otras personas reclamaban justicia en medio de lágrimas y suspiros del alma; doña Victoria Sánchez le envía una carta al gobernador Charles Allen, fechada el 1 de octubre de 1901, donde le comunica:

La que suscribe, pobre mujer sin amparo alguno sumida en la inclemencia, considerando que usted puede librarme en lo que me aflige, me dirijo a usted con el siguiente propósito: Tengo dos hijos menores llamados Justo Rodríguez de 20 años y León Rodríguez de 19 años, me fueron sonsacados por la compañía de imigración (sic) a la isla de Haway (sic), donde sin permiso se han ido. Ellos son menores de edad y mi único sostén. Yo deseo que me sean devueltos y espero, honorable señor, que usted haga los posible por que la compañía de emigración me entregue mis dos hijos que son menores de edad.[8]

Sin lugar a dudas, las marcas de la desolación, la impotencia y el dolor describen la experiencia de aquellos jíbaros y jíbaras que, como doña Victoria Sánchez, se quedaron en la Isla, mientras sufrían

---

[7] Carmelo Rosario Natal, "Nuestras Primeras Emigraciones," *El Reportero*, August 25, 1980, citado en Carmelo Rosario Natal, *Éxodo puertorriqueño: Las emigraciones al Caribe Y Hawaii: 1900-1910* (San Juan, P.R., 2001), pp. 79–80.

[8] Rosario Natal, *Éxodo puertorriqueño*, p. 66. Don Carmelo, incluye una serie de cartas de esta misma naturaleza de los jíbaros y las jíbaras de la montaña, buscando justicia para la inesperada angustia que le causó esta emigración forzada y sin consentimiento familiar alguno para los menores y, a veces, para algunos de los cónyuges. Ver páginas 66-68.

la pérdida de los familiares que se lanzaban a una nueva aventura a un lugar incierto y sin certeza de regreso a su lugar patrio.

De otra parte, "trabajo y tristeza"[9] para los que emprendieron un viaje, posiblemente sin regreso, de cerca de 6,000 millas a las lejanas Islas hawaianas del Pacífico, en busca de *la vida mejor* para ellos y sus familiares. En un poema años más tarde, Nicolás C. Vega, un boricua/hawaiano, expresa la nostalgia de esos emigrantes de la siguiente manera:

> De aquel país borincano
> Tierra de tan lindas flores
> De allí salimos, señores.
> A este suelo hawaiano....
> Nadie pensaba olvidar
> Aquel amable rincón
> Y por causa del ciclón
> Nos tuvimos de embarcar
> Y empezamos a navegar
> Para distantes regiones
> Afligidos corazones
> Dejamos a nuestra espalda
> Y de aquella tierra sana
> De allí salimos, señores[10].

Si no fuera suficiente el cántico del doloroso recuerdo de Nicolás, debemos escuchar el "lamento borincano" de otro boricua/hawaiano que emigró de Yauco a Hawái en busca de *la vida mejor*. Carlos Mario Fraticelli expresa el dolor acumulado en las plantaciones hawaianas así:

---

[9] Tomo la frase "trabajo y tristeza" de la extraordinaria monografía de Blase Camacho Souza, "Trabajo y tristeza - 'Work and Sorrow': The Puerto Ricans of Hawaii, 1900-1902," *Hawaiian Journal of History* 18 (1984): 156–73. Camacho Souza, ex-directora del Departamento de Educación de Hawái, dirigió el proyecto *"Boricua Hawaiians: Puerto Ricans of Hawaii, durante los años 1982-1983"*.

[10] Ibid., 170.

Trabajando sin cesar
Acaba el pobre su vida
Que así está reducida.
Comer mal y trabajar.
Nada puede disfrutar
Pues no le está permitido.
Porque el rico ha establecido
Las cosas de esta manera.
De ese sueño de ceguera
Despierta, pueblo dormido.[11]

Ochenta y cinco[12] años después de la llegada de los boricuas a Hawái, un músico boricua/filipino, John R. Ogao, expresa la esperanza de los boricuas/hawaianos de algún día regresar a su suelo patrio. En la composición "Aloha, Puerto Rico" -tema del grupo de boricuas/hawaianos que visitó a Puerto Rico en el 1985, como un tributo a la tierra de sus antepasados- Ogao declara la nostalgia de los que salieron de la Isla en el 1900. Para una muestra incluyo este fragmento de la composición:

Partieron de Puerto Rico
Pa' las islas de Hawai
En el año mil novecientos
Vida nueva persiguiendo

---

[11] Carmen L. Torres-Robles, "Boricuas en Hawai: Identidad y expresión," *The Bilingual Review/La Revista Bilingüe* 28, no. 1 (April 2004): 19.

[12] Del 18 de diciembre de 1985 al 7 de enero de 1986 un grupo de 51 boricuas/hawaianos vinieron a conocer la tierra de sus abuelos y padres. El evento estuvo organizado por la Universidad Metropolitana. Una piedra angular de este proyecto fue la profesora Milagros Hernández. El grupo estuvo coordinada por la señora Blase Camacho Souza, una historiadora de la colonia boricua/hawaiana. La coincidencia no pudo ser más espectacular. El grupo de los primeros boricuas que llegaron a Hawai el 23 de diciembre de 1900 era de 56 personas. Ochenta y cinco años después, 51 descendientes de aquellos boricuas llegaron a la Isla como boricuas/hawaianos en busca de sus raíces y para lograr el sueño de regreso a la Isla que sus antepasados no pudieron realizar.

A cortar la caña fueron
Por poco pago mensual
Muchos tenían el deseo
A Puerto Rico regresar[13]

Les confieso que no pude contener las lágrimas durante mi proceso de investigación y redacción de este trabajo. Mientras investigo y lo redacto vivo, por razones de mi trabajo ministerial, fuera de Puerto Rico.[14] Aunque mi experiencia en el 2015 es totalmente diferente a las de mis compatriotas de los comienzos del siglo veinte, hoy ciento quince años después, a mí también me duele, en mi fuero interno, la experiencia de un pueblo que se ve obligado a dejar su patria querida en busca de *la vida mejor* en una tierra lejana. Como veremos más adelante, este no fue un viaje voluntario; las condiciones económicas, los cantos de sirena de los reclutadores de trabajadores para las plantaciones de azúcar de los barones estadounidenses en Hawái y el contubernio del gobierno para controlar la llamada "sobrepoblación" con la salida de trabajadores a otras naciones, prepararon el ambiente para la salida de este doloroso movimiento migratorio de puertorriqueños y puertorriqueñas a Hawái. Lamentablemente, para muchas familias puertorriqueñas en la Isla, ciento quince años después, esa sigue siendo la experiencia. Somos un pueblo dividido entre dos naciones. Unos salen de la Isla con grandes sueños de una *vida mejor* para sí mismos y sus familiares inmediatos y atrás quedan otros en tristeza y dolor, deseando que se les cumpla el deseo a los que emigran en pos de *la vida mejor.*

El contexto político, económico y social en la Isla en el momento de la emigración

Como he indicado antes, en esta obra tengo el propósito de hilvanar la huella histórica de la llegada de pentecostés a Puerto Rico dentro

---

[13] "Aloha, Puerto Rico" composición y tema del grupo de boricuas/hawaianos que visitó a Puerto Rico en el 1985.

[14] Al momento de redactar este trabajo vivo en la ciudad de Cleveland, Tennessee. En esta ciudad me desempeño como profesor de Teología Práctica y director del Centro para Estudios Latinos del Seminario Teológico Pentecostal de la Iglesia de Dios.

de los eventos históricos, económicos y sociales que se desarrollaron durante las primeras dos décadas del siglo XX. Mi intención es destacar cómo estos eventos, aparentemente desconectados, se configuran de una forma impensada para hacer posible la llegada de la fe pentecostal a Puerto Rico en el 1916. Admito, de entrada, que el análisis de este hilo histórico se da dentro de mi convicción cristiana de que el Dios de mi fe en su multiforme gracia participa dinámicamente en la historia del ser humano. Con esta advertencia estipulada, inicio con mis lectores y lectoras el análisis de esta interesante jornada de la ruta de la llegada de pentecostés a Puerto Rico.

La invasión estadounidense a Puerto Rico

El 25 de julio de 1898, al finalizar la guerra hispana-cubana-americana, Estados Unidos invade a Puerto Rico. Pocos meses después, por medio del Tratado de Paris del 10 de diciembre de 1898, España cede la soberanía de Puerto Rico y la de sus otras posesiones ultramarinas a Estados Unidos. Esta cesión de Puerto Rico a Estados Unidos era una entrega de la Isla como un botín de guerra. Después de todo, Puerto Rico se convirtió en una conquista militar y como tal, "en una propiedad arrebatada como un despojo de guerra y retenida como reembolso a la nación por la pérdida de sangre y tesoro ocasionados por la guerra".[15] De este modo, Puerto Rico se convierte en el premio de la guerra y se intentará convertirlo en un "puente" militar y comercial hacia el Caribe y Latinoamérica. Así es como la Isla pierde su gobierno autónomo, establecido hacía sólo cinco meses[16] y se convierte, en un abrir y cerrar de ojos, en una

---

[15] Dionicio Nodín Valdés, *Organized Agriculture and the Labor Movement before the UFW: Puerto Rico, Hawai'i, California* (Austin: University of Texas Press, 2011), p. 1, citando a Charles Magoon, gobernador militar de la Zona del Canal de Panamá (1906-1909).

[16] Cuando estalla la guerra hispano-cubana-americana, Puerto Rico estaba gobernado bajo la Carta Autonómica decretada por el gobierno español el 25 de noviembre de 1897. El gobierno autonómico había sido inaugurado cinco meses antes de la invasión, el 9 de febrero de 1898. Había tardado cuatrocientos años para que finalmente se le reconociera a los puertorriqueños la facultad para gobernarse por si mismos, claro dentro de una relación política con la metrópolis española. El sistema de gobierno bajo la Carta Autonómica proveía autonomía administrativa; de igual modo, la isla sería gobernada por un parlamento insular compuesto de dos Cámaras y un gobernador general. No se podía modificar la Carta Autonómica por el parlamento

colonia gobernada sin representación del pueblo ni con responsabilidad alguna para con el pueblo. La condición política de Puerto Rico desde el 25 de julio de 1898 fue la de un territorio ocupado, bajo el mandato de un gobierno militar.[17] Por dos años, Estados Unidos mantiene un gobierno militar en la Isla y prepara el camino para imponerle la *Ley Foraker*[18] el 1 de mayo de 1900. Esta Ley se conoce por el nombre del senador por Ohio, Joseph B. Foraker, presidente del Comité del Senado de Estados Unidos para las Islas del Pacífico y Puerto Rico. El senador Foraker presentó el proyecto de ley el 9 de enero de 1900, con la intensión de atender las relaciones políticas y económicas entre Estados Unidos y Puerto Rico. Se aduce que el autor intelectual de este proyecto de ley fue el secretario de guerra estadounidense, Elihu Root.[19]

El Congreso de Estados Unidos aprobó la Ley *Foraker* el 11 de abril de 1900 y el presidente William Mckinley la convierte en Ley el 12 de abril de 1900. La Ley sería efectiva el 1 de mayo de 1900. En términos generales la Ley proveyó para lo siguiente:

La creación de un cuerpo político llamado el "Pueblo de Puerto Rico", con ciudadanía puertorriqueña, sin ninguna validez internacional, y bajo la protección de Estados Unidos;

---

español sin previa solicitud del parlamento insular. Según la Constitución Española vigente en aquella época, Puerto Rico era representado por diez y seis diputados y cinco senadores con plenos derechos en las Cortes Españolas. Con la implantación de la misma se constituye un gabinete de Secretarios de Despacho compuesto por miembros de los dos partidos políticos puertorriqueños: Autonomistas Ortodoxos o Puros y los Liberales. Para un análisis profundo de este tema debe consultar entre otras fuentes: Bolivar Pagán, *Historia de los partidos políticos puertorriqueños (1898-1956)* (San Juan, PR: Librería Campos, 1959).

[17] Entre el 18 de octubre de 1898 y el 30 de abril de 1900 había en Puerto Rico un gobernador militar, nombrado por el presidente de Estados Unidos.

[18] Conocida como la Ley Orgánica del año 1900, fue la legislación estadounidense que autorizó el establecimiento del gobierno civil en Puerto Rico.

[19] Elihu Root fue el secretario de guerra de los presidentes William McKinley y Teodoro Roosevelt. Sirvió en esa posición desde el 1899 hasta el 1904. En 1905 sirvió como secretario de estado del presidente Teodoro Roosevelt. Del 1909 hasta 1015 fue senador por el Estado de *New York*. Estuvo muy activo con asuntos relacionados con los territorios estadounidenses y Latinoamérica. Recibió el Premio Novel de la Paz en 1912.

La creación de un gobierno civil para la Isla. Este gobierno estaría encabezado por un gobernador civil, nombrado por el presidente y aprobado por el Congreso estadounidense para un periodo de cuatro años;

El poder legislativo estaría en manos de una Asamblea Legislativa, compuesta por un Consejo Ejecutivo [20], compuesto de 11 miembros, 6 de ellos estadounidenses y 5 puertorriqueños, que servía también como gabinete del gobernador y una Cámara de Delegados de 35 miembros, elegidos por el pueblo cada dos años. Las leyes promulgadas por esta Asamblea Legislativa podían ser vetadas, por el Consejo Ejecutivo, por el gobernador y por el Congreso y presidente estadounidenses;

La creación del puesto de comisionado residente en Washington[21], electo por el pueblo cada dos años. El poder de este funcionario era muy simbólico, y no se sentaba en el Congreso estadounidense, sino que sólo podía hacer representaciones ante los diferentes departamentos del gobierno estadounidense. La autoridad para sentarse en el Congreso la recibió en el 1904, antes los reclamos del liderazgo puertorriqueño de la época. Éste solicitaba que el comisionado residente de Puerto Rico en Washington tuviera el mismo trato que se le daba al de Hawái. El delegado de Hawái ante el Congreso tenía voz, aunque no tenía voto;

El poder judicial estaría en manos de los tribunales de Puerto Rico: el Tribunal Supremo, los tribunales de distritos y los municipales, ya establecidos durante el gobierno

---

[20] El 5 de junio, el presidente McKinley nombra el gabinete ejecutivo, que bajo la tutela del gobernador Charles H. Allen, administraría a Puerto Rico. Los siguientes fueron los miembros puertorriqueños: José Celso Barbosa, Rosendo Matienzo Cintrón, José de Diego, Manuel Camuñas y Andrés Crosas; los estadounidenses: William H Hunt, secretario; J. H. Hollander, tesorero; J. R. Garrison, contador; W. B. Eliot, secretario de lo interior; Harlan, fiscal general y Dr. M. G. Brumbaugh, comisionado de instrucción.

[21] Federico Degetau y González, primer comisionado residente a la Cámara de Representantes estadounidense.

militar. La Ley también dispuso la creación del Distrito de Puerto Rico del Tribunal Federal, con funciones análogas a las que se procesaban en las cortes de circuitos estadounidenses. Se establece, además, el recurso de apelación ante la Corte Suprema estadounidense.

En el aspecto económico se cobraría un 15% de impuestos a los productos que entraban a Puerto Rico y los que salían de la Isla para Estados Unidos; toda mercancía que se intercambiaba debía transportarse en la marina mercante estadounidense; de paso, la más cara del mundo. En cuanto al canje de moneda de la española por la estadounidense, se estableció en 60 centavos de dólar estadounidense por cada peso español. Esta acción de inmediato empeoró la situación económica de los puertorriqueños y puertorriqueñas, al encarecer en un 40% los productos de consumo y rebajar en un 40% los salarios de los obreros.

Desafortunadamente, la Ley *Foraker* no propició las bendiciones democráticas que esperaban los políticos de carrera de la época con la llegada de los invasores estadounidenses. Por el contrario, el gobierno autónomo, electo por el pueblo puertorriqueño en el 1898, fue suprimido por el ejército invasor y en su lugar se impuso un gobierno militar y en el 1900, con la Ley *Foraker*, un gobierno civil, nombrado por el presidente de Estados Unidos, con el consentimiento del Senado Federal y compuesto en su mayoría de ciudadanos estadounidenses.

Lo que Ley *Foraker* sí proveía era el libre acceso de los puertorriqueños a Estados Unidos y a los territorios estadounidenses. Sin embargo, deja a los puertorriqueños en una categoría de "inmigrantes coloniales"[22]. Al "inmigrante colonial" se describe como aquel que se muda a la metrópolis del poder colonial y "principalmente por razones económicas, tiende a vivir en bolsillos geográficos separados, trabaja en empleos de baja remuneración y asiste a escuelas públicas de segunda categoría".[23] De esta manera,

---

[22] Jorge Duany, "A Transnational Colonial Migration: Puerto Rico's Farm Labor Program," *New West Indian Guide* 84, no. 3–4 (2010): 225–51.

[23] Ibid., p. 226.

este estatuto propicia la oportunidad para que los puertorriqueños y puertorriqueñas se movieran como "inmigrantes coloniales" a otras posesiones y Estados de la nación estadounidense con alguna libertad. Este elemento de movilidad hacia Estados Unidos y sus territorios es de suma importancia para la configuración de la ruta histórica de la llegada de pentecostés a Puerto Rico. El mismo representa el primer elemento, desde la óptica del autor, de la intervención de la multiforme gracia de Dios, aun en medio de las condiciones de desventajas políticas, sociales y económicas de nuestro pueblo, para propiciar la llegada de pentecostés a Puerto Rico.

Devastación de la Isla por un fenómeno atmosférico

El 8 de agosto de 1899, un enorme huracán, San Ciriaco -con vientos de cerca 140 millas por hora y lluvias torrenciales, que duraron por 28 días- azotó la Isla. Fue precisamente la cantidad e intensidad de las lluvias lo que agravó los resultados nefastos de este huracán. Este fenómeno atmosférico destrozó la Isla y sus cosechas agrícolas, dejando un saldo de muertos de alrededor de 3,369 personas, la mayoría ahogadas, y miles sin refugio, alimentos y trabajo. Los pueblos más afectados fueron aquellos de la montaña y la zona cafetalera: Utuado, Yauco, Ponce, Guayanilla y Mayagüez.

Este fenómeno natural agravó las pésimas condiciones sociales y económicas por la que atravesaban los habitantes de la Isla. La tragedia marcó emocionalmente a toda la sociedad puertorriqueña, dejando una sensación de desasosiego y desesperanza en todo el entorno social y familiar de la época. Para el obrero puertorriqueño de este época, se le amontonaban inmensas capas de pesadumbre que adormecían su capacidad para imaginar un tiempo mejor en la Isla. La población de la Isla, de cerca de un millón de personas, había sido olvidada por la metrópolis española. Ciertamente, había pobreza, mala nutrición, pobre educación y salud pública. La invasión estadounidense había producido muchas promesas pero hasta el presente pocos resultados positivos. La devaluación del peso español de golpe y porrazo en un 40% había empeorado la situación económica de todos, especialmente la de los más pobres que era la mayoría del país. Ahora este devastador huracán había acabado con la cosechas, el ganado y los pobres bohíos de los habitantes de la montaña. No había trabajos, comida, ropa, ni techo. Las comunidades pobres de la ruralía borincana se habían convertido en asentamientos sin esperanza, sin mañana y sin sueños.

De este modo, este evento natural, igualmente, contribuye para preparar el ambiente propicio para la emigración de puertorriqueños y puertorriqueñas fuera de su contorno de desesperanza en busca de *la vida mejor*. En el análisis del autor, los efectos del huracán San Ciriaco sobre la Isla, representa el segundo elemento que prepara el camino para la salida de puertorriqueños y puertorriqueñas hacia Hawái y de ese modo, años más tarde, para la llegada de pentecostés a la Isla.

El gobierno de Puerto Rico promueve la migración

Ante la precaria situación socioeconómica del pueblo a principios del siglo veinte, el gobierno de turno de la Isla, como los gobiernos subsiguientes a través de su historia, fomentó la emigración y reclutó trabajadores puertorriqueños desempleados para enviarlos a las plantaciones de caña de azúcar en las Islas de Hawái. De esta manera, trataba de atender la situación económica de la Isla que se le atribuía a la supuesta "sobrepoblación"[24] en lugar de a la mala distribución de las riquezas y la pobre creación de empleos[25]. Con esta política migratoria oficial, comienza el gran

---

[24] Es lastimoso aceptar que la alternativa de tomar el camino a la emigración para lidiar con la supuesta "sobrepoblación" no fue sólo la decisión de los gobernantes extranjeros, sino también la de los puertorriqueños. Luis Muñoz Marín, el más destacado gobernador de la Isla (1949-1964), aun desde su tiempo como presidente del Senado puertorriqueño (1941-1948), afirmaba que era "necesario recurrir a la emigración como una medida para resolver de inmediato el problema de la sobrepoblación, mientras buscamos soluciones permanentes a largo plazo". Memorando de Luis Muñoz Marín a Max Egloff, Foro público sobre el problema poblacional de Puerto Rico. Resumen de las soluciones por los ponentes en la sesión de July 19, 1946, September 28, 1946: section IV: President of the Senate, 1941-1948; series 2: Insular Government; sub-series I: Fortaleza; box 1 B: Office of Information; folder 16; Fundación Luis Muñoz Marín (FLMM), citado por Ibid., 229.

[25] Carmen Teresa Whalen, "Colonialism, Citizenship, and the Making of the Puerto Rican Diaspora: An Introduction," in *The Puerto Rican Diaspora: Historical Perspectives*, ed. Víctor Vázquez-Hernández and Carmen Teresa Whalen (Philadelphia: Temple University Press, 2008), p. 1.

proyecto gubernamental de lograr para el pueblo puertorriqueño, por medio de la emigración, lo que no podía lograr por medios económicos[26]. Este proyecto con visos oficiales del gobierno, alcanzó su pináculo entre las décadas de los 40 y los 50 del pasado siglo. Este programa, en forma más disimulada, sigue vigente al día de hoy. Como resultado de esta visión, hoy viven más puertorriqueños y puertorriqueñas en Estados Unidos que en Puerto Rico.

Entre 1900 y 1901 se manifestaron los primeros eventos de migración de puertorriqueños a Hawái (anexada a Estados Unidos como otra colonia estadounidense en el 1898).[27] El gobernador Charles H. Allen, primer gobernador civil de Puerto Rico, señalaba sobre este asunto:

> es un privilegio de cada persona emigrar, si escoge así hacerlo, ya sea con la esperanza de mejorar su condición económica o para encontrar un lugar más agradable para residir.... Así que los obreros buscan lugares donde se les pague con oro y plata su trabajo. Por eso emigran y por eso ninguno se quedará sin emigrar... Si estos emigrantes no regresan cuando sean necesarios, otras personas vendrán a ocupar su lugar.[28]

Esta es la afirmación de un extranjero privilegiado en una tierra conquistada, que parece no entender la relación sagrada entre tierra, memorias y emociones para los oriundos de la Isla invadida. El desarraigo de su tierra incluía abandonar sus familias, montañas, palmares, cafetales, historias y el camino vecinal que le daban

---

[26] Ver a Duany, "A Transnational Colonial Migration."

[27] Julio César Pol, *Determinantes económicos de la migración entre Puerto Rico y Estados Unidos* (Unidad de Investigaciones Económicas, Departamento de Economía, Universidad de Puerto Rico, 2004), p. 3; Valdés, *Organized Agriculture and the Labor Movement before the UFW*, p. 1.

[28] First Annual Report of Charles H. Allen, Governor of Porto Rico. *Documentos de la migración puertorriquena—1879-1907,* Documents of the Puerto Rican Migration No1 bilingual publication [of] *Centro de Estudios Puertorriqueños* (New York: Research Foundation of the City University of New York, 1977), p. 28, citado por Camacho Souza, "Trabajo y tristeza - 'Work and Sorrow,'" p. 159. Traducción del autor.

contenido a su existencia. Bobby Capó describe la experiencia de desarraigo de la siguiente manera: "Si por casualidad duermes y sueñas que te acaricia la brisa y sientes que el rocío mañanero besa tiernamente tu mejilla y el aroma del café te hace cosquillas seguro sueñas que estás en Puerto Rico".[29] Cuando un pueblo se desarraiga de su tierra natal, se deconstruye la valiosa relación entre tierra, vivencias y memorias que le dan forma a la historia y vida misma del pueblo. La tierra de origen es punto de contacto espiritual y cultural que continuamente reconstruye los valores y sueños de sus habitantes. Por eso los israelitas cuando fueron llevados cautivos a Babilonia exclamaban: "¿Cómo cantaremos un cántico de Jehová en tierra de extraños? Si me olvido de ti, Jerusalén, pierda mi diestra su destreza. Mi lengua se pegue a mi paladar, si de ti no me acuerdo; si no enaltezco a Jerusalén como preferente asunto de mi alegría" (Salmo 137.5-6).

En la emotiva "Nota del día" del 16 julio de 1900, bajo el título *"La Emigración"*, el periódico *La Correspondencia* describe la experiencia de desarraigo así:

> Cuando un pueblo va en busca de nuevo suelo y nueva patria, cuando no le retiene el calor del hogar, ni el cariño de la tierra, cuando sacrificando afecciones marcha en busca de otro ambiente y de otra vida, abandonando el cielo hermosísimo de la patria nativa y las selvas exuberantes que pueblan su superficie; cuando se lanza al azar a un país desconocido, es ó porque en la propia patria el despotismo

---

[29] Bobby Capó, *Soñando con Puerto Rico*, primera estrofa. La composición completa dice así: "Si por casualidad duermes y sueñas que te acaricia la brisa y sientes que el rocío mañanero besa tiernamente tu mejilla y el aroma del café te hace cosquillas seguro sueñas que estás en Puerto Rico. Si por casualidad duermes y sueñas que te enamoran las olas y que hay un cielo azul en conjura con la Luna para hacerte prisionero no lo digas porque es la Tierra que quiero seguro sueñas que estás en Puerto Rico. Yo no puedo ocultar el orgullo que siento de ser puertorriqueño y que mi pensamiento no importa donde voy me fuga hacia la Islita no importa donde voy a la Tierra Bendita mi pensamiento vuela. Si por casualidad duermes y notas que una lágrima te brota seguramente es que yo sueño que camino por las calles de mi pueblo y en el ventorillo aquel de mil recuerdos revivió el ayer quizá llorando. Yo no puedo ocultar el orgullo que siento de ser puertorriqueño y que mi pensamiento no importa donde voy me fuga hacia la Islita no importa donde voy a la Tierra Bendita mi pensamiento vuela".

hace intolerable ó imposible la vida, porque no hay garantías ni seguridad personal, porque la justicia resulta ser una hermosa diosa sólo existente en las páginas de la mitología antigua, porque el yugo del conquistador hace huir a los dominados; ó porque el suelo antes próvido se niega a producir, falta el pan y antes de acudir a la mendicidad se va en busca de trabajo a otros países.[30]

La respuesta del gobernador Allen a la condición socio-económica del pueblo puertorriqueño en el 1900, era la manera más fácil para un gobernante lidiar con la situación precaria del país. De igual modo, revela la indiferencia y racismo con la que el gobernante anglosajón miraba al jíbaro de la montaña. Su respuesta inmediata a la condición del indefenso pueblo, fue exportar el problema y aliviar la situación inmediata por un leve tiempo. Para salir del paso fácilmente, no se tomó en cuenta el enorme costo humano que implicaba satisfacer el hambre devoradora de la expansión del "capitalismo salvaje" de los barones de la industria de la caña y otras industrias, por medio de la relocalización de braceros puertorriqueños en otras áreas geográficas. La selección de los braceros puertorriqueños era muy intencional. El *New York Times* publicó el 4 de abril de 1901, el siguiente artículo: *El éxodo puertorriqueño: Hombres y mujeres ansiosos por salir de la Isla hacia Hawái.* Un fragmento del artículo dice: "La única objeción razonable a esta emigración es la ida de los mejores trabajadores de la Isla. Ni españoles ni negros de raza pura son llevados. La idea es que los hombres se casen con mujeres hawaianas y pierdan su identidad puertorriqueña. No es probable que estos emigrantes regresen. Puerto Rico estará en mejores condiciones mientras más rápido disminuya su población".[31] La intención de evitar llevar negros a Hawái era parte de un plan "para evitar el ennegrecimiento de las islas hawaianas... y las intenciones del pretendido blanqueamiento sobre las 'nuevas posesiones' norteamericanas".[32] La realidad fue que, al igual que hoy, siempre salían de la Isla los trabajadores que

---

[30] "La emigración," *La Correspondencia*, July 19, 1990, p. 13.

[31] *New York Times*, April 4, 1901.

[32] Raquel Rosario-Rivera, "Pasaporte a la angustia: Sufrimientos de los emigrados y familiares con destino a Hawaii," *Horizontes* 87 (October 2002): 220.

producían la riqueza del país. Me parece que Manuel Romero Haxthausen[33] lo describió genialmente, entonces, con implicaciones perdurables hasta el día de hoy. Sus palabras fueron proféticas:

> Los hombres con deseos naturales de buscar mejorar sus respectivas situaciones y las de sus familias saldrán para lograr esos deseos. Este es el caso de aquellos que están acostumbrados a trabajar y no están dispuestos a sufrir necesidades. La crema y nata se va; ¿quiénes se quedan? Los ancianos, los haraganes y generalmente aquellos que no creen en trabajar.[34]

Desde la óptica del autor, los efectos de la política migratoria del gobierno de Puerto Rico para, supuestamente, controlar la sobrepoblación de la Isla, representa el tercer elemento que prepara el camino para la salida de puertorriqueños y puertorriqueñas hacia Hawái y de ese modo, años más tarde, para la llegada de pentecostés a la Isla.

Situación de la industria de la caña en Hawái

Para el 1898 la industria de caña de Hawái estaba enfrentando problemas con los jornaleros japoneses que exigían mejores salarios de los "Cinco Grandes", como se les llamaba entonces a los barones de las cinco industrias de la caña que operaban en las Islas de Hawái. Éstas eran las siguientes: Alexander and Baldwin, Caste and Cooke, C Brewer and Company, Theo. H. Davies and Company, and American Factors. Debido a la huelga declarada por obreros japoneses en la central *Pioneer* en Lahaina, Maui, el 4 de abril de 1900 y un poco más tarde, en la plantación de Olowalu, los obreros japoneses lograron algunas concesiones de sus patronos. Como resultado de este logro obrero, los barones de la plantaciones de azúcar estaban buscando

---

[33] Periodista y maestro de inglés, combatía la emigración desde las páginas del periódico *La Correspondencia*.

[34] "Seek Porto Ricans for Hawaii Plantations," PCA, 2 August 1900, Citado por Camacho Souza, "Trabajo y tristeza - 'Work and Sorrow,'" p. 159.

51

mano de obra barata que pudiera tomar el lugar de los obreros japoneses y mantenerla alojada en las plantaciones mismas[35].

De esta manera, tendrían mayor control sobre sus obreros que, más que obreros, era una servidumbre confinada en las grandes plantaciones. Por consiguiente, la necesidad de mano de obra barata en Hawái abre un camino para propiciar que obreros del área rural del suroeste de la Isla (Ponce, Utuado, Guayanilla, Yauco, Mayagüez) miraran con esperanza emigrar hacia esa tierra lejana en búsqueda de una mejor situación para ellos y sus respectivas familias. "Los jíbaros descendían de la ruralía, acompañados de los niños, esposas y ancianos que componían su modesto mundo inmediato. Eran las familias que se desarraigaban, quizás para siempre".[36] Su viaje a las plantaciones de azúcar en Hawái era un proyecto concertado de los barones de esta industria para usarlos como empleados rompehuelgas. Una vez en las plantaciones, los dueños de las fincas usaban la coerción física y el control económico y del gobierno para dominar a los trabajadores importados de la Isla. Lo más doloroso en esta ecuación, ha sido mi descubriendo de que los que así trataron a mis paisanos y a otros trabajadores importados de Japón, China, Las Filipinas y Portugal, fueron los descendientes de misioneros protestantes transformados en hombres de negocios; los mismos que "acabaron ilegalmente con la soberanía de la nación hawaiana con la ayuda de las fuerzas militares de Estados Unidos".[37] Este grupo de descendientes de los misioneros estadounidenses, que desde su llegada a Hawái trataban a los hawaianos como vagos, salvajes, ignorantes e indolentes, se preparaba para recibir a los braceros puertorriqueños, a quienes miraban como presa fácil para conseguir la mano de obra barata que necesitaban en sus plantaciones de azúcar.

En este movimiento migratorio de puertorriqueños y puertorriqueñas hacia las Islas de Hawái, este pueblo afligido se unía en sus aspiraciones a otros inmigrantes de otras naciones que también dejaron sus suelos patrios en busca de *la vida mejor*. Atrás

---

[35] Ibid., p. 158.

[36] Rosario Natal, *Éxodo puertorriqueño*, p. 64.

[37] Susan K. Serrano, "Collective Memory and the Persistence of Injustice: From Hawai'i's Plantations to Congress-Puerto Ricans' Claims to Membership in the Polity," *S. Cal. Rev. L. & Soc. Just.* 20 (2011): 382.

en sus tierras había miseria e inseguridad política y salir a las Islas lejanas de Hawái, representaba una nueva posibilidad de triunfos en sus vidas. Así es como chinos, portugueses, noruegos, japoneses, filipinos, españoles, alemanes, rusos y puertorriqueños se encuentran en las plantaciones de caña de los "Cinco Grandes" en las Islas de Hawái. Unos llegaron como peregrinos, los chinos y japoneses, los portugueses para establecerse como pobladores, los coreanos, en parte movidos por razones políticas y misioneras y otros, como los puertorriqueños en un viaje que, independiente de la situación que se encontraran en las Islas hawaianas, no tenía retorno al punto de salida. De esta forma, cientos de miles de emigrantes se desarraigan de sus patrias en busca de *la vida mejor*. Atrás dejan sus patrias, seres queridos, su tierras y recuerdos imborrables. Ante el canto de sirena de los reclutadores de la barones de la industria azucarera de las Islas de Hawái, salen en pos del sueño de *la vida mejor*. En su búsqueda de esta *vida mejor*, "firmaron contratos para trabajar en las plantaciones de caña de azúcar de los 'Cinco Grandes'. Pero la mayoría de ellos no podían leerlos. De hecho, el concepto del contrato mismo era nuevo para ellos.... Virtualmente todo lo que quedaba delante de ellos era extraño. La mayoría de estos braceros habían vivido en fincas y poblados. Para ellos la vida en los puertos y ciudades era ruidosa, frenética y bulliciosa. El próximo paso en su peregrinaje era aún más aterrador, ya que éstos nunca antes habían viajado en un barco".[38]

Todos los inmigrantes salían para las Islas de Hawái con grandes esperanzas e ilusiones. Desconocían las penurias, trabajos y angustias que pasarían en las plantaciones de cañas. Sus esperanzas e ilusiones eran el contrapeso a la difícil situación en sus respectivos países de origen. Ronald Takaki describe las ilusiones y esperanzas de los emigrantes de la siguiente manera: Todos ellos abrigaban es sus corazones una esperanza fuerte y firme, que la expresaban en el lenguaje que utilizaban para describir las Islas de Hawái; para los chinos, "Tan Heung shan" , "montañas de sándalo fragante"; para los portugueses, "Terra Nova", "tierra nueva"; para los japoneses, "Hawaii Netsu", "la fiebre migratoria"; para los coreanos, "Kaeguk Chinch Wi", El campo está abierto, adelante"; y para los filipinos,

---

[38] Ronald Takaki, *Pau Hana: Plantation Life and Labor in Hawaii, 1835-1920* (Honolulu: University of Hawaii Press, 1983), p. 55.

"Kasla GloryaTi Hawaii", "Hawái es como una tierra de gloria".[39] Para los puertorriqueños, añado yo: *la vida mejor*. Sin embargo, a su llegada a las Islas de Hawái les esperaba una dura realidad que cambiaría para siempre sus vidas y su percepción de la tierra que habían soñado como el lugar para *la vida mejor*. Ciertamente la condiciones de vida en las plantaciones de caña de azúcar no eran las más cómodas. Su condición de seres libres se diluiría entre los timbres de la plantaciones de caña, que le marcaban la larga jornada de trabajo de sol a sol y el maltrato de capataces, que en ocasiones, aun imposibilitados para trabajar, los sacaban de sus lechos de enfermos a son de foetazos. Esa fue la triste realidad de los inmigrantes a su llegada a Hawái en pos de un sueño de *la vida mejor*.

Para el autor, la voracidad de los barones de la industria de la caña en Hawái para conseguir mano de obra barata y braceros fáciles de importar a esas islas, constituye el cuarto elemento que propicia la salida de puertorriqueños y puertorriqueñas a las Islas de Hawái y de ese modo, años más tarde, para la llegada de pentecostés a Puerto Rico.

En el próximo capítulo acompañaremos a los primeros emigrantes de Puerto Rico en su largo y penoso viaje hacia las plantaciones de caña en Hawái. ¡Prepárense! La ruta del viaje es muy tortuosa, lastimosa, inhumana y emocionalmente pesada y devastadora.

---

[39] Takaki, *Pau Hana*, p. 55.

Capítulo II: Rumbo a Hawái

Aconteció en los días que gobernaban los jueces,
que hubo hambre en la tierra, y un hombre de Belén de Judá
fue a vivir en los campos de Moab con su mujer y sus dos hijos.
Ruth 1:1

Inicio de la migración puertorriqueña a Hawái

Los primeros emigrantes puertorriqueños salen rumbo a Hawái, del puerto de San Juan[40] -"rumiando una mezcla confusa de nostalgia

---

[40] Aunque en algunas Fuentes se dice que este viaje salió del puerto de Ponce, Norma Carr, *"The Puerto Rican in Hawai:1900-1958"*, disertación para el grado de Doctor en filosofía en estudios americanos, sometida a la División Graduada de la Universidad de Hawai, 1989, señala que este primer viaje salió de San Juan, p. 92. Para sustentar su tesis usa un estudio etnográfico, preparado originalmente para ayudar a los puertorriqueños hawaianos a identificar la historia de los viajes, sus familiares y sus llegadas a Hawai, p. 90. De igual manera, en un relato titulado, *Juana,* Tom Torres, biznieto de Juana María Caraballo Feliciano, Madre de Juan L. Lugo, señala que ella narró lo siguiente: "Fuimos recogidos a las 7:00 a. m. en nuestra villa el 22 de noviembre de 1900....Viajamos a San Juan que estaba en el lado opuesto de Yauco en una carreta tirada por caballos.... Nos tomó cerca de cuatro horas para llegar a nuestro

anticipada de la patria y vagas notas de optimismo hacia el porvenir"[41]- el 22 de noviembre de 1900 en el vapor "Arkadia". Su larga travesía los llevaría al puerto de New Orleans en Louisiana, luego por ferrocarril a San Francisco y de ahí en el vapor Río de Janeiro, a Honolulu, Hawái, donde llegaron el 23 de diciembre de 1900, 56 de los 114 emigrantes que habían salido de San Juan. Rápidamente fueron trasladados a las plantaciones de Lahaina en la Isla de Maui.[42] Un grupo de estos braceros fue trasladado a las plantaciones de caña de Kauai. La travesía de este primer grupo, en plena temporada de invierno, fue dramáticamente accidentada. No se conocen muchos detalles de los incidentes en la travesía del "Arkadia" de San Juan a New Orleans en ese primer viaje. Sin embargo se puede hacer inferencias a base de los relatos del segundo viaje del "Arkadia" hacia New Orleans. De ese segundo viaje, en un parte de prensa de La Correspondencia, se indica que durante la travesía ocurrieron tres defunciones. El primero, Ezequiel Rodríguez, de 15 años, falleció el 28 de diciembre y fue sepultado en el mar. El segundo, Pedro Andujar, de 22 años, falleció el 29 de diciembre y también fue sepultado en el mar. La tercera, María José Torres de 80 años, natural de Adjuntas, falleció el 2 de enero de 1901 y fue enterrada en New Orleans".[43] Es muy probable que en el trayecto de San Juan a New Orleans del primer viaje, también algunos de los emigrantes del primer viaje sucumbieran a su debilidad física y perecieran antes de llegar al puerto de New Orleans.

Los agentes encargados de este primer grupo colocaron una guardia muy estricta alrededor de los trabajadores que deberían llegar a San Francisco en una fecha incierta. Para que no hubiera ninguna oportunidad para escaparse, los agentes encargados de los braceros puertorriqueños hicieron que se desviaran los vagones del

destino.... Abordamos un barco que estaba programado para salir a la 1:00 p. m." Tom Torres, *Juana: Juana Maria, Feliciano, Caraballo, Lugo, Medina*, 2005, pp. 35–38. Esta información me hace pensar que este primer viaje a Hawái en el vapor "Arkadia" salió de San Juan y no del puerto de Ponce, como se identifica en algunos documentos históricos.

[41] Rosario Natal, *Éxodo puertorriqueño*, 69.

[42] "Puerto Rico Inmigración a Hawai," accessed February 16, 2015, http://www.esciudad.com/es/310/puerto-rican-immigration-to-hawaii.html.

[43] *La Correspondencia*, January 13, 1901.

tren hacia una estación muy insignificante a 300 millas del Paso, Texas, donde se quedaron por tres días; de manera que llegarían a San Francisco, con apenas tiempo para hacer conexión perfecta con el vapor que saldría hacia Honolulu, Hawái. Sobre este grupo el *New York Times* publicó un despacho de prensa que señalaba: "Entre los puertorriqueños habían unos hombres muy inteligentes. Estos dijeron que habían sido engañados para dejar sus hogares y abordar un barco que atracaría al otro lado de la Isla. El barco los llevó a New Orleans, donde rápidamente abordaron un tren y los despacharon hacia el oeste bajo fuerte vigilancia de agentes laborales. Los agentes señalaron que tenían un contrato con Claus Spreckels para proveerle 2,500 puertorriqueños y llevarlos a Hawái a trabajar en las haciendas de caña".[44]

La segunda expedición de braceros puertorriqueños para las plantaciones de caña de Hawái, sale del Sur de Puerto Rico, el 26 de diciembre de 1900 con cerca de 400 borincanos y borincanas. Esta primera parte de la travesía era difícil y dolorosa. La embarcación vieja no proveía las comodidades humanas necesarias para sus viajeros y las comidas no satisfacían el paladar puertorriqueño. Este viaje y los siguientes, al principio de 1901, por sus rigores marítimos, cobraron la vida de algunos viajeros que sucumbieron durante la primera parte de los viajes. En un parte de prensa de *La Correspondencia* se indicaba: "Ayer hemos conferenciado con Policarpo Ulises Negrón de Yauco Y Ramón Oms hijo de Dr. Oms de Maricao emigrados al Hawái que regresaron de Nueva Orleans. Nos dijeron que el trato que recibieron en el barco fue pésimo y a él atribuyen la muerte de 6 niños y 8 mujeres desde que salieron de Guánica hasta llegar a Nueva Orleans".[45] A lo complicado del viaje se sumaba la debilidad física de algunos de los viajeros. Aunque estos trabajadores que emigraban eran personas buenas para el trabajo, no era menos cierto que su condición física al momento de emigrar no era la mejor. "Algunos entre los muchos enfermos y anémicos... apenas tenían fuerzas para subir por la rampa que los conducía a bordo".[46] Lastimosamente, algunos de los que salieron en busca de *la*

---

[44] April 4, 1901.

[45] *La Correspondencia*, April 17, 1901.

[46] Rosario Natal, *Éxodo puertorriqueño*, 70.

vida mejor, murieron en la primera parte del viaje y fueron sepultados en el mar antes de llegar al puerto de *New Orleans.* Otros, en tierra estadounidense antes de llegar a Hawái. En cablegrama recibido de New York por *La Correspondencia,* fechado el 4 de enero de 1901 se expresa lo siguiente:

> Han llegado al puerto de New Orleans los trescientos ochenta y siete emigrantes puertorriqueños, que salieron de Ponce[47] por el vapor Arkadia, contratados para trabajos agrícolas en las Islas de Hawai. Su llegada a New Orleans ha causado hondísima impresión en aquella ciudad. Llegaron sumamente débiles, enfermos en su mayoría y pereciendo materialmente de hambre y de miseria. Durante la travesía fallecieron tres de los infelices emigrantes. Carecían de vestidos adecuados para poder resistir los rigores del invierno, a los que no estaban habituados. Se censura mucho a la compañía que haya seguido tal proceder con tan infelices nativos de Puerto Rico[48].

Las once emigraciones a Hawái del 1900 al 1901

Los registros históricos de las emigraciones de puertorriqueños y puertorriqueñas a Hawái demuestran que del 1900 al 1901, en menos de un año, hubo once viajes de braceros de la Isla hacia las Islas de Hawái. Hay una lista del 6 de septiembre de 1901 que incluye diez expediciones hacia Hawái. La siguiente tabla recoge la información de las primeras diez expediciones.[49]

---

[47] Este es el segundo viaje que salió de Ponce el 26 de diciembre de 1900.

[48] "La Emigración," *La Correspondencia,* July 19, 1990.

[49] Blase Camacho Souza, Alfred P Souza, and Puerto Rican Heritage Society of Hawaii, *De Borinquen a Hawaii: Nuestra historia* (Honolulu, Hawaii: Puerto Rican Heritage Society of Hawaii, 1985), p. 24.

Fecha	Número de emigrantes	Hombres y niños mayores de 12 años
22 de noviembre de 1900	114	77
26 de diciembre de 1900	384	202
24 de enero 1901	776	384
3 de marzo de 1901	551	342
26 de marzo de 1901	894	394
24 de abril de 1901	534	234
21 de mayo de 1901	775	390
14 de junio de 1901	708	469
12 de agosto de 1901	169	125
29 de agosto de 1901	398	252
TOTAL	**5, 303**	**2, 869**

Se identifica otro viaje, el número once, que llegó a Hawái el 18 de octubre de 1901. Este viaje, con 301 puertorriqueños y puertorriqueñas, salió posiblemente de Mayagüez el 29 de septiembre y llegó a Hawái el 18 de octubre de 1901. A principios de la década de 20 hubo otras emigraciones de puertorriqueños a Hawái, pero para efecto de este trabajo estas son las emigraciones que hemos seleccionado para mencionar. Los números que se dan del total de puertorriqueños que emigraron a Hawái varían levemente. Unas fuentes señalan 5,203 pero parece que en ese número no están incluidos los emigrantes del último viaje que llegó a Hawái en octubre de 1901. Para efecto de este trabajo voy a usar el número que resulta de la suma de la tabla anterior y el último viaje, que arroja un total de 5,605 personas que salieron de la Isla hacia Hawái.

Juan L. Lugo entre los emigrantes del primer grupo a Hawái

Como se puede ver, en el caso de la migración puertorriqueña a las Islas de Hawái, se mezclaron elementos militares, políticos, fenómenos naturales, condiciones socioeconómicas precarias, decisiones gubernamentales y ambiciones económicas de los barones de la industria de caña de azúcar en Hawái para llevar inmigrantes puertorriqueños a las Islas hawaianas. Sólo por obra y gracia de Dios, entre estos primeros emigrantes a Hawái, se encontraba un niño de diez años que no escogió ir a Hawái; pues no tenía edad para tomar esa decisión. Su madre, doña Juana María Caraballo Feliciano, viuda de don José Rosario Lugo Castañón, agobiada por las pésimas condiciones en que vivía, luego de la devastación creada por el huracán San Ciriaco, tomó la decisión de abandonar su comunidad en el pueblo de Yauco, como otro gran número de emigrantes, para labrarse un mejor futuro para sí misma y su familia en una tierra extraña. Junto a doña Juana, Carmela y Juan, salieron su hermana Micaela y su esposo e hijos e hijas y varios de sus amigos del vecindario.[50]

En esa decisión, doña Juana María Caraballo Feliciano, una mujer de recio carácter, valiente y de voluntad férrea, se convertía, sin saberlo, en un instrumento de Dios para propiciar un movimiento de grandes implicaciones históricas para su tierra que dejaba atrás, y a la que nunca jamás regresaría. La decisión de salir de la Isla no pudo haber sido fácil. Se unía como viuda y jefa de familia a un grupo de emigrantes que no tenía nada seguro. Sólo había promesas a miles de millas de distancia. Los meses y semanas antes de emprender este viaje al futuro, tienen que haber sido de profunda incertidumbre para esta mujer de voluntad decidida. Tenía que haber sopesado su futuro; o se mantenía en su situación de pobreza y desamparo en su Isla o se lanzaba a la posibilidad de conseguir un mejor futuro en las anunciadas bienaventuranzas de los reclutadores de la Asociación de Plantaciones de Caña de Hawái. Éstos anunciaban abundancia de trabajos y buenos salarios en las plantaciones de caña de esas Islas, servicios médicos y educación para los niños y niñas. Era una decisión muy difícil de tomar para doña Juana. Tendría que separarse de su hija de crianza, ya casada, que se quedaría en Yauco, e iniciar una larga y difícil travesía con Carmen y Juan. Aun para estos dos, dejar a Juliana atrás no fue fácil, porque ella en muchas ocasiones era su niñera.[51] En la hora agonizante de su decisión,

---

[50] Tom Torres, *Juana: Juana Maria, Feliciano, Caraballo, Lugo, Medina*, 2005, pp. 34–38.

[51] Torres, *Juana*, p. 36.

decide emigrar y dejar atrás memorias, recuerdos, tierra, vecindario, familiares y -sobretodo, una hija- por el sueño de mirar al futuro con esperanza "y marcharse a otras riberas en busca de mejor suerte".[52] Con los recuerdos vívidos en su memoria años más tarde, el reverendo Juan L. Lugo describe esta hora decisiva de su madre de la siguiente manera:

> Mi madre, mujer valiente y animosa, se dirigía a las Islas Hawaiianas con mi hermana y conmigo en la esperanza de poder allí levantar la pequeña familia en un ambiente más favorable y de mejores condiciones económicas. Para ella, al igual que para otros que con idénticos propósitos hacían aquel viaje, la costa borincana al desaparecer gradualmente en el horizonte que a mi me parecía estar al final de la estela espumosa que el buque dejaba a su paso, guardaba toda su vida. Allí habían nacido, allí habían dado los primeros pasos, allí se habían unido a compañeros y compañeras que habían compartido con ellos lo que la fortuna les había deparado, allí dejaban seres amados para surcar los mares y marcharse a otras riberas en busca de mejor suerte.[53]

Su decisión no pudo haber sido fácil. Si pensó que este sería un viaje por un tiempo, y luego regresaría a su tierra, es algo imposible de determinar desde la distancia histórica. La realidad histórica es que nunca regresó a su tierra natal. Como dijo su hijo 51 años más tarde, permanecería una "peregrina y extraña"[54] en una tierra extranjera.

La tarea de este capítulo es acompañar a doña Juana en su viaje hacia Hawái y examinar como la multiforme gracia de Dios utiliza su desgarradora decisión, para 16 años más tarde traer a su hijo Juan, como el pionero de pentecostés, a la tierra empobrecida que tuvo que dejar atrás su madre en busca de un mejor futuro para su familia. Doña Juana, Carmela, Juan, Micaela, esposo e hijos, salen en el primer viaje hacia Hawái. Este viaje sale del puerto de San Juan

---

[52] Juan L. Lugo, *Pentecostés en Puerto Rico: La vida de un misionero* (San Juan, PR: Puerto Rico Gospel Press, 1951), 7.

[53] Lugo, *Pentecostés en Puerto Rico.*

[54] Ibid., 7.

el 22 de noviembre de 1900 y llega a Honolulu el 23 de diciembre de 1900. Esa dolorosa trayectoria para los adultos, descrita con lujos de detallas en los párrafos anteriores, resultó para Juan y los otros niños del viaje, que nunca habían salido de su vecindario, "una aventura continua. Nuestras mentes inocentes... sólo absorbían la emoción de lo nuevo".[55]

En el "Arkadia" rumbo a New Orleans

Doña Juana María Caraballo Feliciano aborda- con su hija Carmela de doce años y Juan, su hijo menor de 10 años, junto a su hermana Micaela, esposo e hijos y el resto de los otros 114 emigrantes- el vapor "Arkadia" en el puerto de San Juan, el 22 de noviembre de 1900. La primera parte de este viaje terminó el 29 de noviembre en *New Orleans*, Louisiana. El viaje a Hawái de doña Juana no tenía boleto de regreso. Éste continuaría sin su hijastra, Juliana Lugo Pacheco -ya casada- que se quedó en Yauco. Sólo le quedaban, en su viaje de esperanza al futuro incierto, Carmela y Juan, su hermana Micaela, esposo e hijos y los recuerdos imborrables de un pedazo de su vida familiar separado para siempre de su vida de peregrina y advenediza. Esto es, Juliana amarrada a las "montañas de Borinquen bella" en un punto perdido en el inicio de su viaje a lo que debía ser un futuro prometedor. Ese es el encuentro inicial de doña Juana con su sueño de *la vida mejor* en unas tierras lejanas, de las que sólo había escuchado los cuentos de los que andaban detrás de los braceros puertorriqueños. ¿Sueños de vendimias abundantes en tierras lejanas y provisiones seguras para un pueblo empobrecido o una pesadilla injusta y desgarradora para aquellas personas, que sin saberlo, iniciaban un viaje a una realidad desconocida?

Luego de siete días tormentosos en alta mar, doña Juana y los emigrantes de la Isla llegan al Puerto Eads[56], en *New Orleans*, *Louisiana*, el jueves 29 de noviembre de 1900. Posiblemente, nada muy agradable sería su llegada a *New Orleans*, pues debían estar muy extenuados y agotados, debido al viaje de siete días en barco. Desde

---

[55] Ibid.

[56] Puerto más al sur de Louisiana, nombrado en memoria de ingeniero civil James Buchanan Eads y también conocido como puerto South Pass.

su llegada a *New Orleans*, los emigrantes pasaron tres días en el barco antes de salir en tren hacia San Francisco, California.

Los tramites de entrada a Estados Unidos no estuvieron muy claros al principio. Los puertorriqueños todavía no eran ciudadanos americanos. Sin embargo, el hecho de que procedían de una colonia estadounidense -Puerto Rico- rumbo a un territorio incorporado, Hawái, parece que suavizó los trámites. Hay quienes opinan que pudo haber sido probable que los barones de la Asociación Hawaiana de Plantadores de Caña, (HSPA, por sus siglas en inglés) con tentáculos poderosos en *Washington*, habían logrado despejar el camino para facilitar la entrada de los braceros puertorriqueños a territorio estadounidense.[57] El oficial de inmigración[58] que recibió a los inmigrantes y les permitió desembarcar en el puerto de *New Orleans*, no tenía la decisión final. Si por alguna razón el Departamento de Inmigración cambiaba de opinión, los braceros puertorriqueños podrían ser repatriados de regreso a la Isla dentro de un periodo de un año.

De New Orleans a San Francisco

El viaje de *New Orleans* a San Francisco se inicia el viernes 30 de noviembre con los 114 inmigrantes que habían salido de San Juan el 22 de noviembre de 1900. Los braceros puertorriqueños fueron trasladados en dos vagones de la compañía ferroviaria *Southern Pacific Railway*. La meta era que este grupo de inmigrantes saliera del puerto de San Francisco el 14 de diciembre en el vapor Río Janeiro rumbo Hawái. Para lograr esta meta se planificó meticulosamente el movimiento del tren de modo que llegara a San Francisco justo en el tiempo que el "Río Janeiro" estuviera listo para zarpar del puerto de San Francisco. Los agentes que tenían a cargo este grupo eran Frank

---

[57] Esta parece ser la sospecha de Norma Carr en: Norma Carr, *The Puerto Ricans in Hawaii, 1900-1958* (University of Hawaii, 1989), p. 94.

[58] Norma Carr identifica al oficial del Departamento de Inmigración que recibió a los y las inmigrantes en New Orleans como el agente especial, W. E. Howard, en: Carr, *The Puerto Ricans in Hawaii, 1900-1958*, p. 93.

Alves[59], un brasileiro y un agente estadounidense de apellido Kelly. El grupo, como hemos indicado antes, estaba fuertemente custodiado para evitar que los que se habían arrepentido de continuar el viaje se escaparan. Además, se trató de evitar que se filtrara información a los medios noticiosos.

La intención concertada era "mantener incomunicados a los pasajeros de modo que los medios noticiosos no alteraran la tranquilidad conveniente de la trayectoria hasta las fincas azucareras de las islas hawaianas".[60] Dos agentes[61] de los barones de las plantaciones azucareras de Hawái, acompañaban a los braceros puertorriqueños de *New Orleans* a San Francisco. Los informes periodísticos del *The Examiner*[62] de San Francisco de los días 7, 8, 9, 10 y 12 de diciembre de 1900, narran historias horribles de la experiencia de los braceros puertorriqueños en los vagones del *Southern Pacific Railroad* en su viaje a San Francisco. Las historias describen las condiciones sanitarias infrahumanas, las comidas escasas e inapropiadas y hasta alumbramientos de mujeres durante la travesía en tren. Las notas del periodista Edward J. Livernash, del *Examiner*, informan que varios braceros puertorriqueños intentaron fugarse, sin éxito, durante el viaje de *New Orleans* a San Francisco. Destacan, también, que los braceros puertorriqueños abordaron el vapor "Arkadia" en San Juan bajo informes engañosos sobre el trabajo en Hawái. No se les había informado que el español no era el idioma de Hawái, ni de la presencia de japoneses y chinos en esas islas del Pacífico. Tampoco se les honró el compromiso de darles los

---

[59] En un momento este Frank se identificó como puertorriqueño y se le apellidaba Álvarez, pero luego se identificó como brasileiro. Carr, *The Puerto Ricans in Hawaii, 1900-1958*, p. 95.

[60] Rosario Natal, *Éxodo puertorriqueño*, p. 72.

[61] Los dos agentes que acompañaron a los braceros puertorriqueños fueron identificados como Carl Wolters y Alberto Minvielle en Carr, *The Puerto Ricans in Hawaii, 1900-1958*, p. 109. A Alberto Minvielle, don Carmelo Rosario Natal lo identifica como de "madre puertorriqueña y padre norteamericano, quien ejercía como subagente reclutador en la región sudoeste donde radicaba" en Rosario Natal, *Éxodo Puertorriqueño*, p. 76.

[62] El periódico el *Examiner* era propiedad de William Randolph Hearst, según Norma Carr tenía la reputación de ser racista y favorecer la política extensionista estadounidense, aunque en ocasiones atacaba a los barones de la industria azucarera de Hawai. Carr, *The Puerto Ricans in Hawaii, 1900-1958*, p. 96.

$25.00 prometidos al abordar el vapor y la ropa adecuada para el crudo invierno que enfrentarían a su paso por territorio estadounidense. Además, los relatos informan que los braceros fueron tratados como prisioneros en su viaje en tren desde *New Orleans* hasta San Francisco.

En este ambiente borrascoso y confuso continúa su viaje doña Juana Caraballo con su hija Carmela, su hijo Juan y su hermana Micaela y familia. No era el mejor de los ambientes, pero seguía siendo para ella, y los otros compañeros y compañeras, un viaje a *la vida mejor*. Lo cierto parecía ser, que el viaje *a la vida mejor* se había convertido en un vía crucis casi insoportable. Pero no tenía otra opción, tenía que continuar hasta San Francisco donde llegó, junto al resto de los braceros, el 13 de diciembre de 1900.

La llegada a San Francisco

La llegada a San Francisco fue muy tortuosa. Había mucha insatisfacción en gran parte de los braceros y muchos ya no querían continuar el viaje a Hawái. El viaje en tren de *New Orleans* a San Francisco había sido tan inhumano como el del vapor de San Juan a *New Orleans*. Los ánimos de los viajeros estaban exacerbados y había mucha inconformidad. Un número considerable de éstos estaban listos para abandonar el viaje y estaban buscando la oportunidad apropiada para desertar del grupo y labrarse su futuro de *la vida mejor* en algún lugar en California. El periódico *The San Francisco Examiner* informó el 15 de diciembre de 1900 que cerca de 52 braceros puertorriqueños abandonaron en San Francisco el viaje a Hawái. [63] Doña Juana María Caraballo Feliciano, no tenía otra alternativa tenía que continuar el viaje a su destino final. Ella también llevaba las marcas físicas y emocionales del viaje, pero su reciedumbre de mujer luchadora la mantuvo enfrentado los embates del viaje en cada una de las paradas de la ruta de su esperanza.

Norma Carr[64] señala que los tres[65] vagones del tren que llevaban a los braceros y braceras puertorriqueños y

---

[63] Nitza C. Medina, "Rebellion in the Bay: California's First Puerto Ricans," *Centro Journal* XIII, no. 1 (Spring 2001): 87.

[64] Carr, *The Puerto Ricans in Hawaii, 1900-1958*, p. 103.

puertorriqueñas llegaron al Puerto Costa[66] en San Francisco el 13 de diciembre de 1900. En el Puerto Costa los viajeros abordarían el pequeño vapor Carolina que los llevaría al vapor Río de Janeiro, anclado en las aguas de *Black Point* en la Bahía de San Francisco, que haría la travesía final hacia Honolulu, Hawái. En este momento ya los ánimos de los puertorriqueños estaban tan caldeados por el ambiente en que se desarrollaba el viaje, que algunos rehusaron embarcarse en el Carolina y luego otros tantos rehusaron subir al Vapor Río de Janeiro. El abordaje del Carolina y Río de Janeiro estuvo plagado de incidentes violentos y controversias tensas que resultaron en la deserción de cerca de la mitad de los braceros. Los desertores de este primer viaje vinieron a formar la comunidad puertorriqueña que se estableció en San Francisco y que hasta el día de hoy muchos de sus descendientes permanecen en área de San Francisco y crearon otras, como la que se encuentran en las ciudades alrededor de la Bahía de San Francisco y en Los Ángeles, California.

De los 114 que salieron de San Juan el 22 de noviembre de 1900, sólo cerca de 90 subieron al vapor "Carolina" en el Puerto Costa y finalmente sólo 56 puertorriqueños y puertorriqueñas abordaron el "Río de Janeiro" cerca de las 5 de la tarde del viernes 14 de diciembre de 1900, rumbo a su destino final en las Islas de Hawái. Entre estos braceros se encontraba doña Juana María Caraballo Feliciano, su hija Carmela, su hijo Juan y su hermana Micaela, hijos y esposo. Ciertamente, ya no había marcha atrás. De esta forma tempestuosa y dolorosa, se inició el tramo final de los primeros puertorriqueños y puertorriqueñas que dejarían a su empobrecida Borinquen en el rincón de sus recuerdos a cambio de encontrar *la vida mejor* en las lejanas tierras de las Islas hawaianas. Con ellos nos encontraremos en los próximos párrafos a su llegada a Honolulu, Hawái.

---

[65] Algunas fuentes hablan de dos y otras de tres vagones relacionado al número de vagones de tren ocupados por los braceros puertorriqueños en su viaje de New Orleans a San Francisco.

[66] Este puerto, fundado en 1879, se encuentra en el Condado de Contra Costa en san Francisco. En 1900 era el centro las vías ferroviaria transcontinentales.

La llegada a Hawái

Los primeros braceros puertorriqueños llegaron a Hawái el 23 de diciembre de 1900. Exactamente la víspera de la celebración de la Nochebuena y dos días antes del Día Navidad. Sólo de pensar en esas dos fechas tan importantes para estas familias puertorriqueñas, fuera del calor de los suyos y de su tierra, es intensamente desgarrador. En otras palabras, al cansancio físico de un mes de viaje en las peores circunstancias, hay que añadirle, la incertidumbre de llegar a una tierra en la que no conocen sus costumbres y cultura, que no pueden hablar su idioma y la carga afectiva de no poder celebrar las festividades navideñas en su tierra, entre su familia y vecinos. Junto a este grupo de peregrinos, llegó nuestra heroína Juana María Caraballo Feliciano con Juana Carmen Lugo Caraballo, Juan Dionicio Lugo Caraballo, mejor conocido por el nombre de Juan León Lugo, y su hermana Micaela con su esposo e hijos, bronceada por el dolor de sus memorias y embargada por la ansiedad e incertidumbre de llegar al lugar que sería su tierra adoptiva por los próximos 14 años. En este lugar, apartada de su tierra que la vio nacer, tendría que echar adelante a Carmela y a Juan. Ya en tierra extraña, tendría que trabajar en lo primero que apareciera, para empezar a labrar su futuro -y el de su hija e hijo- en un ambiente inhóspito y desafiante.

La llegada de los braceros puertorriqueños y las braceras puertorriqueñas a Hawái estuvo precedida de una campaña de descrédito en su contra en los periódicos controlados por la Asociación Hawaiana de Plantadores de Azúcar (HSPA, por sus siglas en inglés). El rotativo *Pacific Commercial Advertiser* (PCA por sus siglas en inglés) señalaba que los puertorriqueños que llegaban eran unos "pobres infelices" que todo lo hacían "patas arriba";[67] construían sus casas de arriba hacia abajo. En el muelle en Honolulu, donde arribaron los puertorriqueños, la gente aparecía para husmear e investigar quiénes eran estos infortunados inmigrantes que llegaban de la Isla de Puerto Rico.

La inmensa mayoría del grupo de los primeros braceros puertorriqueños fue asignado a los ingenios de las plantaciones de

---

[67] Citado por Carr, *The Puerto Ricans in Hawaii, 1900-1958*, p. 105.

azúcar en Lahaina, Maui.[68] Como no tenían derecho al voto, vinieron a vivir en las plantaciones de azúcar a la discreción de las compañías azucareras y los "Cinco grandes". La producción de caña de azúcar en Maui había comenzado en Hana para cerca de 1849. Ya para el 1852, la primera ola de braceros inmigrantes chinos habían llegado a Maui para incorporarse a las labores de la plantaciones de azúcar; los braceros inmigrantes japoneses llegaron a Maui en el 1868 para suplir la falta de mano de obra barata que se necesitaba en estas plantaciones. Ya para el 1869 Samuel Alexander y Henry Baldwin habían fundado, en el valle central de Maui, la plantación de azúcar más grande de Hawai- *Hawaii Commercial & Sugar Company* (HC&S, por sus siglas en inglés). La realidad era que debido a la gran demanda de azúcar en América y Europa, no había suficiente mano de obra barata para atender las necesidades de estas plantaciones de azúcar en Maui y los barones de estas plantaciones de azúcar salían a buscarla por todo el mundo.

A la llegada de los inmigrantes puertorriqueños y puertorriqueñas a Hawái la población de estas Islas era muy pequeña, comparada con la población de Puerto Rico. En el 1900 Hawái tenía una población de 154,000 habitantes que se componía de 61,111 japoneses, 39,656 hawaianos[69], 25,767 chinos y cerca de

---

[68] Para esta época había dos empolios azucareros en Maui, que competían fuertemente uno contra el otro. Uno de ellos –Alexander & Baldwin- formado en el 1869 por Henry Perrine Baldwin, hijo de los misioneros Dwight y Charlotte Baldwin, nacido en Lahaina, Maui y Samuel T. Alexander, hijo del reverendo William P. Alexander, misionero también en Lahaina, Maui. Ambos se conocieron como niños en Lahaina, Maui, donde sus padres estaban asignados como misioneros. El otro empolio azucarero pertenecía a Claus Spreckels, un empresario de San Francisco. Este astuto empresario se valió de su amistad con el Monarca Kalakaua y el 1878 adquirió 40,000 acres de tierra y derechos de agua y construyó su propio acueducto y sistema de riego para irrigar sus tierras. De este modo, desarrolló lo que se vino a conocer como la *Spreckelsville* y la *Hawaiian Commercial & Sugar Company*. Posteriormente, el Monarca Kalakaua -en el proceso de desarrollo de la Spreckelsville- le solicitó y recibió préstamos de Claus Spreckels. Es así como muy pronto, el hombre conocido como el *Rey de la Caña de Azúcar en Hawá*i, se convirtió en dueño de más de la mitad de la deuda nacional del reino. Ver Gail Bartholomew and Bren Bailey, *Maui Remembers: A Local History*, 1st edition (Honolulu: Mutual Publishing, 1994), p. 46.

[69] La población hawáiana se había reducido significativamente por el contacto con los inmigrantes que llegaban a las Islas. Éstos traían enfermedades para las que los nacionales no tenían inmunidad y así iban desapareciendo rápidamente, debido a su alto nivel de mortalidad.

18,000 portugueses. Además, un grupo reducido de estadounidenses que componían la oligarquía que dominaba a Hawái política, gubernamental y económicamente. Este grupo dominante, los barones de la industria de la caña, en ese ambiente de dominio total, buscaban braceros extranjeros de diferentes nacionalidades y en su intención de perseguir una estrategia de dividir y controlar, crearon una sociedad multicultural y multiétnica[70]. Esa sigue siendo la realidad social y cultural del archipiélago al día de hoy.

Fue a ese ambiente de competencia laboral, discriminación racial, dificultades de idioma, coerción física, emocional y desarraigo patrio, al que se sometió la oleada de cerca de 5,605 puertorriqueños y puertorriqueñas que emigraron de los campos borincanos a las Islas de Hawái en busca de *la vida mejor* durante los años 1900 y 1901. Las preguntas que se hacían los que se oponían a la emigración puertorriqueña a Hawái eran: "¿Quién hablará por los puertorriqueños?" ¿A quién se acude?" Ante estas interrogantes el periodista Manuel Romero Harthausen respondía de la siguiente manera:

> Todos los saben y no es nada nuevo lo que vamos a decir: el puertorriqueño es un 'paria', es una 'cosa' que no tiene nacionalidad, ni representa nada ante las naciones civilizadas. ¡Qué triste condición! Había de ventilarse entonces el punto en cuestión, ante los tribunales del Hawai, ¿quiénes lo componen? Americanos. Y si ellos, ahora recientemente, nos pretirieron como pueblo, al de Hawai, dándole a aquel la categoría de territorio y ¿a nosotros?.... vas vale callar por ahora. Si colectivamente fuimos tan injustamente tratados, ¿esperan mis paisanos jíbaros que se les haga justicia? Nunca: serán atropellados y maltratados. Que valgan mis sanos consejos, y no caigan en la trampa que se les prepara.[71]

Esta sentencia se pronunció el 9 de agosto de 1900; parecería que don Manuel había hablado con voz profética. Tres

---

[70] Takaki, *Pau Hana*, p. 28.

[71] Manuel Romero Harthausen, *La Correspondencia*, August 9, 1900.

meses después se iniciaba la emigración puertorriqueña a Hawái con las consecuencias insólitas anunciadas de ante mano en la sentencia punzante de este agudo periodista.

La vida comunitaria en las plantaciones de azúcar de Hawái, a principios del siglo veinte, se desarrollaba en campamentos de barracas sobrepoblados e insalubres –con focos de enfermedades infecciosas- y pésima calidad de vida. En estos campamentos convivían seres humanos, cerdos, gallinas, pollos, patos y caballos. No se disponía adecuadamente de las aguas negras y los desperdicios humanos. Era, además, un ambiente de división racial que continuamente degradaba la dignidad humana. Aunque por el día los trabajadores se unían en las diferentes tareas de las plantaciones, por las tardes cada grupo llegaba a su campamento para celebrar la vida familiar y la de su grupo étnico. No había mucho tiempo para actividades sociales y religiosas fuera del trabajo, pues sólo tenían libre el domingo y algunos días feriados y la jornada de trabajo era de doce horas. Ese fue el contexto social a donde llegaron los emigrantes puertorriqueños y puertorriqueñas en busca de *la vida mejor* en Hawái.

La realidad fue que los puertorriqueños y las puertorriqueñas que llegaron a Hawái entre el 1900 y el 1901, encontraron explotación en las distantes plantaciones de azúcar, de donde habían sido reclutados como una manera de reducir los costos de labor, ampliar las ganancias de los barones de las plantaciones de caña de azúcar y, además, como rompe huelgas, para intimidar a los japoneses que comenzaban a organizarse como trabajadores. Pues, sólo se usaba sus talentos para el trabajo duro en la plantaciones de azúcar e ingenios, pero no se les incluía como parte de la comunidad.[72] El triste escenario fue que este grupo de inmigrantes puertorriqueños quedó varado en Hawái sin ayuda oficial alguna del gobierno y a expensas de los abusos de los barones de las plantaciones de azúcar. Por no ser ciudadanos de un país extranjero, no tenían cónsul donde llevar sus quejas. Por no ser ciudadanos estadounidenses, no tenían ninguna protección constitucional. Por ser prácticamente expulsados de Puerto Rico, no tenían un gobierno

---

[72] Whalen, "Colonialism, Citizenship, and the Making of the Puerto Rican Diaspora: An Introduction," p. 8.

que atendiera sus quejas. De hecho, el gobierno de Puerto Rico no los quería de regreso en la Isla, ya que con su salida intentaba resolver el famoso problema de "sobrepoblación". No he encontrado una mejor descripción para esta dolorosa situación de los puertorriqueños en Hawái que la genial descripción que de ella hace Joanna Poblete en las siguientes palabras:

> La falta de mediadores étnicos con conexiones con los magnates de la industria de la azúcar y otras instituciones anglo-americanas de poder, privaron a los puertorriqueños de asistencia y formas de responder adecuadamente, a diferencia de otros grupos étnicos que ya lo habían logrado en Hawái. Como residentes permanentes sin apoyo alguno para regresar a su país de origen, este grupo intra-colonial quedó varado en medio del Océano Pacífico, sin representación oficial y con muy pocos contactos con intermediarios, que pudieran escuchar sus preocupaciones en español y transmitírselas en inglés a los líderes anglo-americanos de las islas. Esta ausencia de liderazgo étnico de influencia para defender sus causas, contribuyeron a la invisibilidad de los puertorriqueños en Hawai.[73]

En ausencia de verdaderos intermediarios que ayudaran a los trabajadores puertorriqueños a enfrentar las condiciones de trabajo deprimentes en las plantaciones de azúcar, este grupo de boricuas cayó en las manos de intermediarios mercenarios que se aprovechaban de la ignorancia del inglés del grupo para ofrecerle servicios y mantener una posición de autoridad frente a los líderes de las plantaciones y entre el grupo de puertorriqueños. Tal fue el caso de Florentin Souza. Este intermediario supo beneficiarse de la necesidad que tenían los administradores de las plantaciones de trabajadores puertorriqueños y, a la misma vez, mantenía como rehenes a estos últimos con la amenaza de que si no seguían sus instrucciones, perderían sus trabajos en las plantaciones de azúcar. Para intensificar su poder coercitivo sobre los puertorriqueños, Souza creo la Asociación Puertorriqueña (*Puerto Rican Association*).

---

[73] Joanna Poblete, *Islanders in the Empire: Filipino and Puerto Rican Laborers in Hawai'i*, 1st Edition (Urbana: University of Illinois Press, 2014), p. 161. Traducción del autor.

Esta organización, que sólo tenía un líder, Florentin Souza, bajo el manto de que intentaba proteger los derechos de los trabajadores puertorriqueños, buscaba controlarlos para que permanecieran en las plantaciones de azúcar. De esta manera, Souza, aumentaba su capital económico y social con los administradores de las plantaciones, especialmente las de la Isla Grande (Hawái), donde trabajaba, y con los trabajadores puertorriqueños que lo miraban como su benefactor. Esto es lo que en mi barrio -Caimito de Río Piedras- se llamaba *ganar indulgencias con escapulario ajeno*. En un plano más académico, Gunter Peck[74] lo llamó *ganar poder a costa del estatus marginal de la clientela*. Dentro de este marco de situaciones desesperantes, se da la vida de los inmigrantes que llegaron a Hawái al principio del siglo pasado. De aquí en adelante la mira de mi telescopio se dirige a seguir el rumbo que toma la vida de Juan L. Lugo desde su llegada a Hawái en el 23 de diciembre de 1900 hasta su regreso a Puerto Rico el 30 de agosto de 1916.

Luego de este vistazo general de las vicisitudes de los braceros y braceras puertorriqueños en sus viajes a Hawái, enfocamos nuestro lente de análisis histórico sobre doña Juana María Caraballo Feliciano y su hijo Juan L. Lugo, miembros de los primeros 56 boricuas que llegaron a las Islas de Hawái en el 1900. La estadía de cerca de catorce años de esta familia en Hawái y su experiencia con el evangelio pentecostal en la Honolulu, Oahu, preparó el camino para la llegada de Pentecostés a Puerto Rico. Ese será nuestro foco de atención en los próximos capítulos.

---

[74] Gunther Peck, "Divided Loyalties: Immigrant Padrones and the Evolution of Industrial Paternalism in North America," *International Labor and Working-Class History* 53 (March 1998): 49–68, citado por Poblete, *Islanders in the Empire*, p. 148.

Capítulo III: La vida de los Lugo-Medina-Caraballo en Hawái

> Y los que nos habían llevado cautivos nos pedían cánticos,
> los que nos habían desolado nos pedían alegría,
> diciendo: Cantadnos algunos de los cánticos de Sión.
> Salmo 137:3

La experiencia inicial de doña Juana Caraballo y su familia en Hawái

Interesantemente, doña Juana y su familia no fueron de primera instancia a la Isla de Maui, a donde fueron enviados la mayoría de los braceros y braceras de la Isla, sino a la Isla de Kauai.[75] Según el relato de su hijo Juan, después de su llegada a Honolulu, su familia fue trasladada a la Isla de Kauai. Lugo señala lo siguiente:

> Ya tenía yo diecisiete años y los placeres que aquella encantadora ciudad me brindaba [Honolulu] me atraían enormemente. Pronto aprendí a jugar, conocí los

---

[75] Kauai es de las ocho islas grandes la más a norte. Se encuentra al norte de Oahu, donde está ubicada la capital del estado, Honolulu.

atractivos del licor y el cigarrillo, compartí de los vicios que mis otros compañeros me enseñaron a conocer y viví una vida completamente apartado de los caminos del Salvador. *En esas condiciones salí de mi hogar [Honolulu] para trasladarme a la isla de Kawai, mi primer hogar en aquel inmenso archipiélago.*[76]

El relato de Tom Torres sobre *Juana* confirma la aseveración del joven Lugo de que su primer hogar en Hawái fue en la Isla de Kauai. En ese documento se afirma que Juana, Micaela y sus respectivas familia fueron asignadas a la plantaciones de caña de Kauai.[77] En el poblado de Koloa, Kauai, se estableció en 1835 la primera central azucarera de Hawái. Había otra plantación de azúcar en Lihue y ambas formaban el centro azucarero de Kauai.[78] Carmela y Juan fueron matriculados para ir a la escuela, mientras doña Juana comenzó su trabajo como empleada doméstica en una casa de una familia acomodada con un salario de $10.00.[79] En ese lugar Juan y Carmela, dos años mayor que Juan, asisten a la

---

[76] Lugo, *Pentecostés en Puerto Rico*, p. 9. Énfasis del autor

[77] Torres, *Juana*, pp. 45–46.

[78] En el pueblo de Koloa, todavía se pueden ver el monumento de la chimenea del primer ingenio construido en el 1835 y los escombros con su chimenea de la vieja central construida alrededor de l841. El inicio de esta plantación azucarera estuvo íntimamente relacionado con el esfuerzo de los primeros misioneros de conseguir fuentes alternas para financiar la obra misionera en Hawái. Carol A. MacLennan señala que cuando se cerró el apoyo de la Junta Misiones a los misioneros en Hawái, "dejó a los misioneros, previamente financiados, en búsqueda de nuevas fuentes de ingreso" y esta situación provocó la creación estas nuevas maneras empresariales para continuar financiando la obra misionera. Carol A. Maclennan, "Hawaii Turns to Sugar: The Rise of Plantation Centers, 1860-1880," *Hawaiian Journal of History* 31 (1997): 3. Naturalmente esto toma otros causes empresariales posteriormente. Las tres personas involucradas en el esfuerzo de desarrollar la plantación de caña en Koloa, en 1935, fueron Peter Allan Brinsmade, de 28 años de edad Williand Ladd, de 26 años de edad, ambos Hallowell, Maine y William Hooper, de 24 años de edad, de Boston Massachusetts. Estos tres jóvenes. que formaron la empresa que vino a conocerse como Ladd & Co., estaban íntimamente relacionados con los líderes de la obra de los misioneros de Nueva Inglaterra en Hawái, que trabajaban bajo los auspicios de la Junta Americana de Comisionados de Misiones Extranjeras (ABCFM, por sus siglas en inglés). Ver Arthur C. Alexander and Arthur C. Alexander, *Koloa Plantation: 1835-1935*, 2nd edition (Lihue, Hawaii: Kauai Historical Society, 1985), pp. 2–6;

[79] Alexander and Alexander, *Koloa Plantation*, p. 8.

escuela pública. Juan cursó estudios hasta cuarto grado y luego abandona la escuela para "trabajar y ayudar a la familia".[80] Luego del matrimonio de Carmela con Basilio Valerio de la Cruz, el 7 de abril de 1912,[81] doña Juana y Juan se trasladan a la Isla de Maui. Ese mismo año se trasladan a la Isla Oahu[82] y doña Juana forma un nuevo hogar con Juan Bautista Medina.[83]

La experiencia matrimonial de doña Juana con Bautista fue excelente; inclusive afirmó que sus hijos Carmela y Juan lo vieron como un padre.[84] Ella decidió llamarlo Bautista para evitar la confusión de más de un Juan en la familia. Luego de la muerte de Basilio, Carmela conoce a Frank Antonio y hace planes para casarse nuevamente. En ese momento tomó la decisión de entregarle a su madre sus dos hijas, Angeline y Carmella y se quedó con los dos hijos varones de su primer matrimonio. Ahora doña Juana tiene una nueva familia compuesta por su esposo Juan Bautista Medina, su hijo Juan y sus nietas Angeline y Carmella.[85] Juan estuvo con ellos por un tiempo y luego se trasladó nuevamente a la Isla de Kauai, su primer hogar en el archipiélago de Hawái, a vivir la vida perdidamente a su manera.

La experiencia de conversión al pentecostalismo de doña Juana María Caraballo Feliciano

El celo misionero de algunos creyentes que experimentaron la llenura del Espíritu Santo durante el avivamiento de La Calle Azusa en Los Ángeles, durante los años del 1906 al 1909, los impulsó a viajar hacia Japón y China a predicar el evangelio de Salvación de los últimos tiempos. Este mensaje incluía: una experiencia de conversión y nuevo nacimiento, vida de santidad,

---

[80] Alexander and Alexander, *Koloa Plantation*, p. 8.

[81] Ver documento de Fe de Bautismo de Juana Carmen.

[82] Lugo, *Pentecostés en Puerto Rico*, p. 8.

[83] El nombre del segundo esposo con el que se casó en Hawái doña Juana Caraballo Feliciano, luego de quedar viuda en Puerto Rico, lo tomé del documento Torres, *Juana*.

[84] Torres, *Juana*, pp. 51–55.

[85] Torres, *Juana*, pp. 49–51.

sanidad divina, bautismo del Espíritu Santo con la evidencia de hablar en otras lenguas, dones espirituales y el pronto regreso de Jesús por sus escogidos. Con el contenido de este mensaje pentecostal, fruto del avivamiento de Azusa, estos misioneros en sus viajes rumbo a China y Japón hacían escala en Honolulu, Hawái. Gastón Espinosa señala que en la primavera del 1911 Thomas Anderson y David A. Barth, Comisionados, por William J. Seymour, junto a otros misioneros, salieron a regar el mensaje pentecostal en Japón y China.[86] Durante su escala en Honolulu, en espera[87] de continuar su viaje para Japón y China, condujeron servicios entre los braceros puertorriqueños y las puertorriqueñas que se reunían en las instalaciones de la Estación Experimental Agrícola de Asociación Hawaiana de Productores de Azúcar [88] (HSPA, por sus siglas en inglés). Esta estación experimental se organizó bajo la dirección del Dr. Walter Maxwell[89] en 1895 en el sector conocido como Kewalo-uka en el valle de Makaki, a las afueras de Honolulu.

Es muy probable que a estos misioneros anglosajones les fuera fácil conectarse con una instalación administrada por personal estadounidense, como la Estación Experimental Agrícola de la Asociación Hawaiana de Plantadores de Caña de Azúcar (HSPA), durante su estadía en Honolulu. Por ser paisanos de los que dirigían la agencia, se les abrieron las puertas de la instalación de investigación agrícola, para predicarles el evangelio a personas de otros idiomas que trabajaban en la instrumentalidad investigativa. De esta manera, comenzaban a compartir el evangelio pentecostal con personas de otras razas y

---

[86] Gastón Espinosa, *Latino Pentecostals in America: Faith and Politics in Action* (Cambridge, MA: Harvard University Press, 2014), p. 196.

[87] Ibid.

[88] La Estación Experimental Agrícola estaba ubicada en un predio de terreno de 4,229 acres, bordeada por la calle Keeaumoku, la avenida Wilder y la calle Makiki. Hoy en ese sector se encuentra un templo de la Iglesia Metodista Unida de Cristo (1639 de la calle Keeaumoku) y una parroquia católica. Hace ciento veinticinco años era un área rural, hoy es parte del área metropolitana de la ciudad de Honolulu.

[89] Hawaiian Sugar Planters' Association, A. R. Grammer, and others, *A History of the Experiment Station of the Hawaiian Sugar Planters' Association, 1895-1945* (Hawaiian Sugar Planters' Association, 1947), p. 183.

nacionalidades, aún antes de llegar a Japón y China. Hay que recordar que para esta época había una gran población de japoneses y chinos en Hawái. Así es como estos misioneros se encuentran con el grupo de puertorriqueños y puertorriqueñas que trabajaban en la Estación Experimental.[90]

Entre los puertorriqueños y puertorriqueñas que escucharon este mensaje se encontraban Francisco Ortiz, Padre, Frank Ortiz (Francisco Ortiz, Jr., "Panchito"), Salomón y Dionisia Feliciano [91] y algunos otros. Con este grupo de braceros puertorriqueños y puertorriqueñas los misioneros compartieron el mensaje pentecostal que recibieron en el avivamiento de la calle Azusa. A esta primera congregación pentecostal puertorriqueña, que se organiza en las instalaciones de la Estación Experimental Agrícola en Honolulu, se unen doña Juana y su esposo Medina en el 1912.

El contenido del mensaje incluía un cambio de vida total: liberación de todo tipo de vicios, compromiso de vida con la fe recibida, testimonio continuo a los de afuera y los de adentro, apoyo pleno a todos los servicios evangelísticos de la iglesia, desarrollo de una vida de santidad, búsqueda continua de la experiencia del bautismo con el Espíritu Santo y una convicción inquebrantable de que se vivía en los últimos tiempos y había que predicar el evangelio de Jesucristo a toda criatura antes de la Segunda Venida de Cristo. Así se inicia la primera iglesia pentecostal puertorriqueña en las afueras de la ciudad de Honolulu en la isla hawaiana de Oahu. El pastor fundador de esta iglesia fue Francisco Ortiz, Padre. Sobre esta iglesia puertorriqueña decía el misionero de Azusa J. Raymond Hurburt, en junio de 1912 lo siguiente: "Aquí también hay una asamblea de santos puertorriqueños entre los cuales Dios hace cosas poderosas y a tiempos los bendice. La mayoría de ellos han sido

[90] Beatrice H. Krauss, "A Short History of the Hawaii Agricultural Experiment Station, 1901–1982," n.d., http://www.ctahr.hawaii.edu/site/downloads/KraussHAES2.pdf.

[91] Es probable que Salomón Feliciano tuviera algún parentesco con doña Juana María Caraballo, ya que el apellido materno de ésta era también Feliciano. Pudo haber sido probable que los Felicianos fueran los que evangelizaron a doña Juana y la invitaran a la iglesia donde aceptó a Jesús como Señor y Salvador.

bautizados. Nosotros estamos ocupados en difundir el evangelio por medio de la entrega de tratados y los evangelios en diferentes idiomas".[92]

En esta naciente iglesia pentecostal puertorriqueña en Honolulu, Hawái, es donde en el 1912, doña Juana María Caraballo Feliciano y su esposo don Juan Bautista Medina reciben el evangelio pentecostal y comienzan una nueva vida que tiene efectos permanentes en la vida de su hijo Juan. Precisamente, a esta experiencia de conversión de su madre se refería el reverendo Lugo, cuando treinta y nueve años más tarde (1951) afirmaba: "¡Qué lejos estaba mi buena madre de imaginarse el tesoro que Dios tenía para ella en la tierra adonde ahora se dirigía como peregrina y extraña!"[93] El mensaje pentecostal caló muy profundo en la vida de esta decidida mujer y con nuevo entusiasmo inicia un segundo y extraordinario peregrinaje en su vida. Hacía sólo doce años que había iniciado un viaje de Borinquen a Hawái en busca de *la vida mejor*. Pero su vida en aquellas lejanas tierras no había sido fácil. *La vida mejor* siempre se le escapaba. Sólo había experimentado la intensidad demoledora del *trabajo y tristeza* de la vida de los braceros y braceras de Borinquen en Hawái. En este momento de su vida, luego de escuchar las promesas del mensaje del evangelio pentecostal de los misioneros que iban rumbo a China ella, junto a su esposo, inicia su segunda peregrinación de esperanza. Junto a ellos se encontraba el que vino a ser su pastor, Francisco Ortiz, Padre, su hijo Panchito y de Salomón y Dionisia Feliciano. Era un viaje de su interior al encuentro con el Señor de *la vida mejor*. Aquel mensaje pentecostal sencillo hacía que de su interior brotaran "ríos de agua viva" y prometiera una "esperanza bienaventurada". De inmediato, tomó la decisión de entregarle su vida a Jesucristo como su Señor y Salvador y fijando "los ojos en Jesús" comienza, llena de júbilo, a correr con paciencia y esperanza la carrera que tenía por delante. De una manera inexplicable, el gozo del Señor se apoderó de la totalidad de su vida y llenó de cánticos de esperanza su vida cotidiana. Así comenzó a cantar cánticos de libertad en tierra extraña. Estos

---

[92] J. Raymond Hurburt, *The Bridegroom's Messenger* V (June 1, 1912): 5.

[93] Lugo, *Pentecostés en Puerto Rico*, p. 7.

cánticos de alegría, gozo y esperanza, más tarde tienen un profundo impacto en la vida de su hijo pródigo. Ahora su objetivo era alcanzar con este evangelio transformador a su hijo Juan que se había apartado de su hogar a un lugar lejano, Kauai, a vivir perdidamente.

La experiencia de conversión de Juan L. Lugo al pentecostalismo

Una de las características del convertido pentecostal es comenzar a compartir de inmediato su experiencia de conversión con sus amigos y familiares. En la fibra misma del convertido pentecostal se implanta el deseo de dar por gracia lo que por gracia ha recibido. Dar testimonio de su fe ante los que compartían su vida anterior, era parte de la entrega del mensaje de evangelización del nuevo converso. Sus familiares y amigos conocían muy bien su vida pública y privada y notaban lo extraordinario en el cambio de conducta. Por esa razón, no era difícil hacer labor evangelística entre amigos, vecinos y familiares. El cambio radical en la conducta del nuevo convertido era el mensaje más poderoso. Además, se le hacía consciente al nuevo convertido a la fe pentecostal de la importancia de compartir el mensaje del evangelio del reino de Dios -por medio de testimonio- a todos los familiares, amigos y vecinos, y entonces vendría el fin. El convencimiento de la cercanía de la Segunda Venida de Cristo, era una fuerza evangelística en el recién convertido. No había que esperar a ser un predicador bien formado para predicar el evangelio. Sólo era suficiente contar lo que Dios había hecho en la vida del creyente e invitar a sus amigos y familiares para que siguieran su ejemplo. De esta forma, dando testimonio de lo que Dios había hecho en su vida, cada creyente se convertía en un evangelista de inmediato.

Esa fue la experiencia de doña Juana María Caraballo Feliciano al momento de su conversión. Al ser instruida por su pastor Francisco Ortiz, Padre, que debía compartir su experiencia de conversión con las personas más cercanas a su entorno familiar, comenzó su tarea evangelística de inmediato. Sin lugar a dudas, tiene que haber compartido su experiencia con muchas personas con las que colaboraba en la comunidad donde vivía.

Claro, el testimonio histórico que nos llega es la evangelización que ella le hizo a su hijo Juan, que se encontraba en la isla de Kauai, cuando ella hizo profesión de fe en la iglesia pentecostal puertorriqueña, ubicada en Honolulu, Oaho.

La experiencia de conversión de doña Juana fue significativa y poderosa. Sin perder tiempo la comparte con su hijo Juan por medio de cartas. Primero una descripción de la transformación que se había efectuado en su vida. Como la mujer Samaritana, doña Juana daba testimonio a su hijo de todo lo que Jesús había hecho en su vida. Al testimonio de lo que le había acontecido en medio de aquel pequeño grupo de adoradores pentecostales, también le añadió la invitación para que Juan aceptara a Jesús como el Señor de su vida. Como una alumna aprovechada de su pastor, comenzó a desarrollar su don de evangelista. La siembra del evangelio pentecostal no fue fácil en el corazón endurecido de su hijo, pero esto no la desanimó. Sobre la insistencia de su madre para que aceptara el mensaje que había transformado su vida, el reverendo Lugo afirma:

> Poco después en Kawai leía yo de la nueva experiencia que mamá había recibido y ahora me invitaba a conocer. ¡Gracias doy continuamente al Señor por una madre misionera! Apenas sintió en su corazón el fuego de la salvación y conoció que por fin había conseguido la felicidad que había salido a buscar al abandonar el hogar borincano, aquella buena mujer se apresuró a enviarme las buenas nuevas y a invitarme a la fuente de dicha y paz. ¡No es posible al que recibe la Luz divina cubrirla con un almud![94]

La insistencia de doña Juana de contarle a su hijo el cambio que se había operado en su vida, fue clave para que Juan regresara a su casa para atestiguar el cambio que su madre alegaba que se había realizado en ella. Es decir, la invitación para que su hijo Juan aceptara a Jesús como su Señor y Salvador, iba acompañada de una claro testimonio de que algo sobrenatural había ocurrido en su vida; esa experiencia había transformado

---

[94] Lugo, *Pentecostés en Puerto Rico*, p. 9.

toda su manera de ser. Lo que doña Juana le contaba a Juan no correspondía a lo que éste recordaba sobre el proceder de su madre. Por lo tanto, decide confirmarlo por sí mismo por medio de una breve visita a su hogar. El reverendo Lugo lo dijo de esta manera: "Tenía la necesidad de ver de cerca el cambio que mamá alegaba se había operado en su vida."[95]

Ciertamente a su llegada a la casa de su madre, Juan pudo constatar lo que ésta le había dicho en la correspondencia que le enviaba y como la alegría y felicidad de su madre eran símbolos irrefutables de su nueva vida. Ahora los quehaceres hogareños se hacían acompañados de cánticos y alabanzas continuas. Sin embargo, el asunto que más estremeció la conciencia de Juan fue el hecho de que ya su madre, una asidua usuaria del cigarrillo, ya no dependía de su uso para sentirse tranquila. Al reflexionar años más tarde sobre este incidente el Reverendo Lugo dice:... "estoy firmemente convencido que este incidente más que ninguna otra cosa me satisfizo de que en realidad en mi madre se había operado algún cambio".[96]

El cambio radical en la vida de doña Juana fue la fuerza sobrenatural que cautivó al joven Juan para permanecer en Honolulu y por un tiempo unirse al grupo en calidad de observador minucioso. Quería estar seguro de la autenticidad del cambio positivo tan evidente en la vida de su madre. Pensó que era mejor unirse al pequeño grupo de fieles junto a los misioneros que avivan la obra entre el grupo de boricuas. Para poder quedarse en Honolulu y no ser carga para su madre logró conseguir un trabajo en la Estación Experimental Agrícola. Por el día era parte de la fuerza trabajadora del grupo de braceros que realizaban las tareas agrícolas y de mantenimiento de la agencia y por la noche se unía al grupo de fieles que afirmaba la más hermosa libertad para aquellos que habían encontrado en Jesucristo, el proveedor por excelencia de *la vida mejor* y del gozo inefable de ser declarados hijo de Dios.
Finalmente el gozo de este pueblo y la palabra sazonada del pastor, lograron cautivar la atención escurridiza de este joven que

---

[95] *Ibíd.*

[96] Lugo, *Pentecostés en Puerto Rico*, p. 11.

pensaba que los cánticos, las oraciones y asistir a la iglesia era para gente madura y no para jóvenes llenos de vigor y ambiciones. Poco a poco la Palabra del evangelio fue redarguyendo su consciencia analítica hasta que un día no pudo más que abrir su corazón, que había tratado de mantener alejado del poder transformador del Evangelio. El escenario donde encontró la fuente de la vida eterna fue el lugar donde se ganaba el sustento de su vida temporal. El Señor de su vida, que él empezaba a conocer, irrumpió en su área de trabajo cuando menos lo esperaba. Se le apareció de la forma que él menos sospechaba. Un querido amigo de andanzas mundanales, y ahora compañero de trabajo en la Estación Experimental, había recibido a Cristo como su Señor y Salvador. Al igual que otros convertidos en la pequeña iglesia pentecostal, que se reunía en las instalaciones de la estación experimental, Abad Vélez -compañero de trabajo de Juan- lleno del deseo de compartir la experiencia de su *nuevo nacimiento* con el que había sido su estudiante en el mundo de los vicios y los placeres de la vida desenfrenada, fue llevando paulatinamente al joven Juan Lugo a los pies de Jesús. Abad era respetado por Juan por dos razones: primero, era un hombre mayor que él y segundo, el testimonio de su vida transformada impresionó profundamente a Juan. Su maestro de la vida de los vicios ahora era una nueva criatura. Este cambio en la conducta de Abad fue lo que poco a poco iba redarguyendo a Juan de lo singular del evangelio pentecostal de este grupo de creyentes llenos de gozo y deseosos de compartir su experiencia con otros. Abad usó el tiempo de receso para almorzar para iniciar a Juan en una nueva enseñanza. Esta vez, sobre las enseñanzas del camino de la vida eterna. Usó, lo que podríamos identificar como una de sus deficiencias, como herramienta para sumergir a Juan en el río de la vida abundante. Abad no sabía leer; pero siempre llevaba en el bolsillo de su camisa de trabajo una copia de la porción del Evangelio de Juan -que publicaba para las personas de habla hispana- la Sociedad Bíblica Americana. Su estrategia fue lograr que Juan le leyera, durante algún tiempo en la hora de almuerzo, pasajes del Evangelio de Juan. Como era la costumbre en el proceso de evangelización y enseñanza de los nuevos conversos, el libro del evangelista Juan era uno de los primeros libros que se invitaba a los convertidos a leer. Exactamente así lo hizo Abad

Vélez con el joven Juan Lugo. En su recuerdo de esta experiencia, el reverendo Lugo la describe de la siguiente manera:

> A la hora del almuerzo, cuando sólo sentía yo deseo de dormir un rato o descansar de alguna manera, Abad me ponía en las manos su porción de las Escrituras y me pedía que le leyera algo. No puedo ocultar lo odioso que me era este trabajo, pero por respeto al hombre y por complacerle en sus deseos, siempre accedía. !Gracias a Dios por aquel Evangelio de Abad Vélez! ¡Qué lejos estaba yo al principio de comprender que Dios estaba acercándose más a mi por aquel camino![97]

Este encuentro diario de estos dos amigos, a la hora del almuerzo,[98] con el evangelio de Juan, un día llevó al joven Juan a encontrarse con un pasaje del evangelio que sacudió su mente inquisitiva. La lectura del Evangelio de Juan se transformó de mero ejercicio para complacer a un amigo querido, en una experiencia de transformación radical inmediata. No sólo la palabra alcanzó su mente para confrontarlo con la tragedia de su vida presente, sino que, de igual manera, penetró sus sentimientos y le ofreció esperanza en medio de la realidad de su vida apartada de la verdad de Cristo. La descripción de este encuentro con el Jesús del Evangelio es sencillamente espectacular:

> Cierto día mientras leía el capitulo 5 de San Juan, al llegar al verso 24 sentí algo extraño en mi alma. "De cierto, de cierto os digo: El que oye mi palabra y cree al que me ha enviado, tiene vida eterna; y no vendrá a condenación, más pasó de muerte a vida," Un sentimiento de culpabilidad envolvió mi corazón. Me sentí convicto de pecado y con aquella convicción, la realización de que estaba muerto y necesitaba vida. El horror de mi

[97] Lugo, *Pentecostés en Puerto Rico*, p. 14.

[98] El tiempo de almuerzo realmente consistía de media hora. Ese breve tiempo, los trabajadores lo utilizaban para, además de almorzar, compartir sus penurias y malos ratos que pasaban en el trabajo con sus *lunas* (capataces). Abad Vélez lo usaba para que Lugo le leyera el Evangelio de Juan.

condición me era aparente. Sin embargo, a pesar de comprender lo terrible de mis pecados, sentí también alegría y paz, pues leyendo y releyendo el verso hallaba en él camino de la salvación. Si grande fue la convicción de pecado, más inmensa aún fue la felicidad que experimenté al pensar que en Cristo tenía un salvador generoso que no me rechazaba y por el contrario me prometía limpiar mi alma de la grana del pecado y dejarla como la blanca nieve.... En aquel momento entregué mi alma al Redentor y puse mi vida a Sus pies.¡Fecha de grata recordación será siempre para mi aquel día –13 de junio del 1913![99]

La narración de la conversión del joven Juan Lugo se asemeja a dos historias narradas por Lucas en el libro de los Hechos. Una de ellas es la conversión del funcionario de la reina de Candace, (Hechos 8:26-40); la otra es la conversión de Saulo de Tarso (9:1-19; 22:6-16). Como el etíope que fue el encuentro con la Palabra de Dios, acompañado por Felipe, así Juan Lugo, acompañado por Abad Vélez, un creyente que había aceptado el mensaje transformador en su vida, también va al encuentro con Jesús por medio se su Palabra poderosa. Como Saulo, Juan Lugo no andaba en busca de Jesús, pero Jesús, de la misma manera que al Joven Saulo de Tarso, se lo encontró en su camino y lo deslumbró con su luz, amor, perdón y misericordia, transformando radicalmente su vida desenfrenada. Tan intensa fue la experiencia del encuentro sobrenatural de Jesús con Juan Lugo que el mismo señala: "Me parecía que vivía envuelto en una nube. Sentía el poder de Dios que me guiaba y ayudaba a pasar los sitios difíciles".[100] En respuesta a la Palabra, y guiado por el Espíritu de Dios, fue a confesar públicamente delante de los hombres su experiencia de conversión, la misma noche del día de su conversión. En una iglesia de habla inglesa,[101] Juan Lugo hacía pública confesión de fe de la experiencia de encuentro con Jesús que había tenido a la hora de su receso para almorzar. Es posible,

---

[99] Lugo, *Pentecostés en Puerto Rico*, p. 15.

[100] Lugo, *Pentecostés en Puerto Rico*, p. 15.

[101] Ibid.

que sin saberlo, estaba haciendo realidad en su vida aquella afirmación de Jesús que declaraba: "A cualquiera, pues, que me confiese delante de los hombres, yo también lo confesaré delante de mi Padre que está en los cielos" (Mt 10:38).

Luego de su confesión pública del encuentro de salvación con Jesús, Juan Lugo se une, como miembro, a la congregación puertorriqueña, pastoreada por Francisco Ortiz, Padre, que se reunía en las instalaciones de la Estación Experimental. El pastor Ortiz lo bautizó el 29 de junio de 1913. Sólo 16 días luego de su conversión. El lugar del bautismo fue la playa de Waikiki, una hermosa playa en la ciudad de Honolulu, donde en el día de hoy (2015) están ubicados el noventa por ciento de los hoteles de lujo de Honolulu.

La vida del joven Juan Lugo comenzó a experimentar una serie de experiencias espirituales dramáticas de forma sucesiva. Primero, la conversión, luego, el bautismo en agua y apenas a una semana de su experiencia de bautismo en agua, Juan Lugo tiene la experiencia del bautismo en el Espíritu Santo. Esta experiencia amplía el ciclo de su vida como creyente pentecostal. Así describe Juan Lugo su experiencia del bautismo en el Espíritu Santo:

> Apenas había pasado una semana de mi bautismo en las aguas, cuando orando una tarde en mi habitación y clamando por la unción del Espíritu Santo fui investido del poder de lo alto. ¡Gloria a Dios! Aquel evento sin duda alguna me vino a preparar para alguna obra especial. Aun en mi ignorancia de la obra de Dios, pues todavía era muy joven en ella, yo podía comprender que aquel poder que Dios me daba tenía que ser empleado para Su gloria y honra de un modo único que Él habría de indicarme.[102]

El escenario se preparaba para que muy pronto la experiencia pentecostal de un joven emigrante puertorriqueño, lo impulsara a salir de Hawái, a la tierra de donde su madre Juana María Caraballo Feliciano había emigrado en el 1900 en busca de *la vida mejor*. Ciertamente, de una forma milagrosa, en la gracia multiforme de Dios, Juana había encontrado *la vida mejor* para

---

[102] Ibid., p. 18.

ella y toda su familia: Las bendiciones y promesas del evangelio pentecostal. Ahora su hijo Juan, se preparaba para iniciar una vida de pastor, evangelista y misionero, que redundaría en el regreso a su suelo patrio con el evangelio pentecostal que había recibido en la iglesia pentecostal puertorriqueña en Hawái. Su primera experiencia pastoral la recibe como co-pastor de Francisco Ortiz, Padre en esta pequeña iglesia pentecostal en Honolulu, Oahu.[103]

Es emocionante conectar los eslabones de la gracia salvadora del Dios para propiciar la llegada del evangelio pentecostal a Puerto Rico. Por un lado, una familia puertorriqueña en serias dificultades económicas emigra a Hawái en el 1900. Juana María Caraballo Feliciano con su familia, como la familia de Elimelec y Noemí en el relato bíblico (Ruth 1.1), salió de Borinquen porque *hubo hambre en la tierra*. Por otro lado, unos misioneros encendidos en la llama del fuego pentecostal salen del avivamiento de la calle Azusa en los Ángeles rumbo a Japón y China; en su escala en Honolulu, Hawái -1912- le predican el mensaje pentecostal a un grupo de boricuas que se reunían en una pequeña congregación en la instalaciones de Estación Experimental. Como secuela, Juana María Caraballo Feliciano, recibe la experiencia pentecostal y la comparte con su hijo Juan. A raíz de la espectacular conversión de Juan y de su compromiso con la nueva fe adquirida, en menos de seis meses, como un nuevo Saulo de Tarso (Hechos 9.20-22), Juan L. Lugo se entrega en alma, espíritu y cuerpo a la labor del reino para la que se siente compelido por el Espíritu de Dios. El 9 de noviembre de 1913, junto a Francisco Ortiz y su hijo Panchito, Lugo sale para San Francisco en su primer viaje misionero.[104]

En el próximo capítulo acompañaremos al joven Lugo en sus funciones pastorales y evangelísticas durante tres años en la Bahía de San Francisco y en la ciudad de Los Ángeles, antes de iniciar su viaje definitivo a su tierra natal, como el pionero de pentecostés en *la tierra de Borinquen*. Estos tres años en estas ciudades de California fueron fundamentales y preparatorios, económica y ministerialmente, para su trabajo misionero en Puerto Rico. Sobre este particular Lugo recordaba: "Esas

---

[103] Torres, *Juana*, pp. 53–54.

[104] Torres, *Juana*, pp. 53–54.

experiencias adquiridas en aquellos primeros meses de mi vida cristiana me fueron de inmensa ayuda más tarde cuando Dios me escogió para llevar el mensaje glorioso de la Redención a mi querida patria puertorriqueña".[105] Sigamos, pues, con expectación lo que sucede en los tres años que pasa el joven Lugo alrededor de las ciudades de la Bahía de San Francisco y la gran metrópolis de Los Ángeles.

---

[105] Torres, *Juana*, p. 19.

Fotos

Bongo de identificación de los trabajadores en las
plantaciones según su país de origen

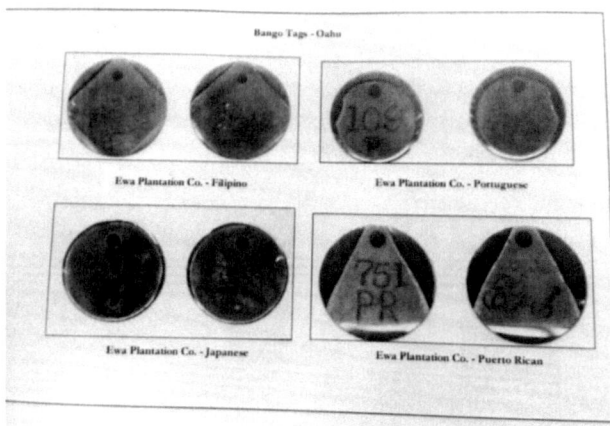

Foto de 2015 de la calle Makiki donde estuvo ubicada la
Estación Experimental donde se organizó la primera iglesia
pentecostal puertorriqueña en Hawái,

Central de caña de azúcar en Oahu

Trabajadores de las plantaciones de caña

Interior de la casa boricua en la replica de la villa de la plantación de azúcar en Oahu, Hawái

Vista de la casa boricua en la replica de la villa de la plantación de caña de azúcar

Restos de la antigua central en Maui

Restos de una antigua chimenea de una central azucarera en Maui, Hawái

93

Logo a la entrada de la villa más Antigua de una plantación de azúcar en Kauai, Hawái

Restos de lo que fue la Central azucarera Pioneer en Lahaina, Hawái

Locomotora de una de las centrales azucareras en Maui, Hawái

Foto de la única central azucarera existente en Hawái en 2015. Se encuentra en la isla de Maui. Autorizada por Alexander & Baldwin Sugar Museum

Iglesia Metodista Unida coreana donde estuvo ubicada la Estación
Experimental

Placa colocada por los boricuas hawaianos en el malecón de
Guánica 1985

Casa en la calle Intendente Ramírez esquina Acueducto en Ponce, donde inicio pentecostés

El autor con Austin Días y Norma Carr en el hogar de Norma julio2015

El autor a la entrada del Biblioteca Hamilton de la Universidad de Hawái en Manoa.

El autor y esposa en la sala de la Colección del Pacífico de la Biblioteca Hamilton mientras hacia su investigación para el libro en Hawái

Foto de la playa Maikiki, en Honolulu, Hawái de julio de 2015. En esta hermosa playa el pastor Francisco Ortiz, bautizó a Juan L. Lugo el domingo 29 de junio de 1913.

Carmen (mi esposa) junto a Austin Días y Norma Carr.

Juana, Juan y Carmela

Capítulo IV: Periodo de preparación en la Bahía de San Francisco y la ciudad de Los Ángeles para la obra misionera

Pero os hago saber, hermanos, que el evangelio anunciado por mí
no es invención humana, pues yo ni lo recibí ni lo aprendí
de hombre alguno, sino por revelación de Jesucristo.
Gálatas1:11-12

**Tres años en la bahía de San Francisco y la ciudad de
Los Ángeles**

El 13 de noviembre de 1913, Francisco Ortiz, Panchito Ortiz y
Juan L. Lugo llegaron a la gran metrópolis de San Francisco. Para
este entonces ya Lugo tenía 23 años. Fue un viaje de cuatro días y
medio en alta mar de regreso a los Estados Unidos continentales.
Cuando el trío de misioneros puertorriqueños llegó a San

Francisco, la ciudad estaba terminando su reconstrucción, luego del desastroso terremoto de 1906 de 7.8 grados en la escala de Richter y de los incendios relacionados al terremoto que destruyeron cerca del 80% de la ciudad. Se estimó que el terremoto e incendios destruyeron "cerca de 28 mil edificios y dejando a 2/3 partes de la población sin vivienda".[106] La ciudad ya para el 1915 estaba totalmente reconstruida y fue la sede de la Exposición de Panamá-Pacífico.[107]

En esta ciudad, que ya se miraba como la "Paris del Oeste" de Estados Unidos, se inició el ministerio pentecostal de este trío de misioneros puertorriqueños, que originalmente fueron parte de aquel grupo de braceros puertorriqueños que salieron para las plantaciones de caña de Hawái en los inicios del siglo veinte. A su llegada a San Francisco, se unieron a la misión que pastoreaba el pastor portugués Rodolfo Lima en un sótano en la calle Columbus. Aunque el pastor Lima dirigía principalmente su proyecto evangelístico a las personas de habla portuguesa, también evangelizaba a los hispanos.[108] Esto le ofrecía al trío de evangelistas, recién llegado de Hawái, la oportunidad para unirse al esfuerzo evangelístico del pastor Lima. Lo hicieron y dedicaron mucho de su tiempo a conducir servicios evangelísticos al aire libre en las calles de uno de los peores barrios de San Francisco en el 1914. La calle *Pacific* y la avenida *Columbus* fueron escenarios constantes de la labor de nuestros héroes en San Francisco. Este entrenamiento práctico, de evangelización en las calles públicas de esta gran metrópolis, lo usaría Juan L. Lugo como metodología evangelística, a su llegada a Puerto Rico como pionero de pentecostés. Él mismo lo señala años más tarde, rememorando su tiempo de trabajo evangelístico durante sus primeros años en la Bahía de San Francisco y posteriormente en la ciudad de Los Ángeles. "Estas primeras experiencias adquiridas en aquellos

---

[106] María Garcés M., "San Francisco: Una reconstrucción acertada," *Laciudadenlahistoria*, November 7, 2011, https://laciudadenlahistoria.wordpress.com/2011/11/07/san-francisco-una-reconstruccion-acertada/. Esta Exposición conmemoraba la conclusión del Canal de Panamá y también la reconstrucción de la ciudad de San Francisco luego del devastador terreno e incendios del 1906.

[107] Ibid.

[108] Espinosa, *Latino Pentecostals in America*, p. 199.

primeros meses de mi vida cristiana me fueron de inmensa ayuda más tarde cuando Dios me escogió para llevar el mensaje glorioso de la Redención a mi querida patria puertorriqueña."[109]

A principios de 1914 el trío de evangelistas se separó por varios meses. Francisco Ortiz había dejado en el pueblo *Pleasantown* a su hijo Panchito y a Lugo, mientras el regresaba por su familia a Hawái. Para este tiempo ya Lugo había planificado traer a su familia a California. Así lo afirma en sus memorias: "Mi padrastro, a quien yo había enviado a buscar unos meses antes, y yo, decidimos enviar por mi madre y mis sobrinas".[110] De este modo, para el verano de 1914, la familia Lugo abandonó finalmente a Hawái, la tierra a la que Juana María Caraballo Feliciano había salido con su familia en busca de *la vida mejor*, como parte de aquel contingente de braceros puertorriqueños que salieron de la Isla a las plantaciones de azúcar de Hawái, en las postrimerías del 1900.[111] Ahora regresaba a California con el precioso evangelio de esperanza como escudo de bienaventuranza para toda su familia. Junto a la familia de Francisco Ortiz se ubicaron en el pueblo de *Niles*, [112] para continuar sus trabajos en la agricultura; esta vez en los campos de los pueblos que rodeaban la Bahía de San Francisco. Eventualmente ese mismo año, Francisco Ortiz y su familia se trasladan a la ciudad de San Francisco y los Medina-Lugo se asientan por un tiempo en la ciudad de Santa Rosa, otra de las ciudades cercana a la Bahía de San Francisco.

En los campos de la ciudad de Santa Rosa, Lugo trabajaba en las plantaciones de flor de cerveza. Santa Rosa desarrolló una

---

[109] Lugo, *Pentecostés en Puerto Rico*, p. 19.

[110] Lugo, *Pentecostés en Puerto Rico*, p. 20. Esta sobrinas respondían a los nombres de Angeline y Carmilla, hijas de Carmela, que al momento de casarse en segundas nupcias se las había entregado a su mama, Juana. Torres, *Juana*.

[111] Ver Torres, *Juana*. Se dice que cuando Juana María Caraballo Feliciano salió de Yauco, iba acompañada de su muy cercana hermana Micaela, esposo e hijos. Al llegar a Kauai fueron vecinas por el tiempo que Juana vivió en Kauai. Luego no se sabe que ocurrió con Micaela y su familia. Es muy probable que esta familia se quedaran viviendo permanentemente en Hawái.

[112] Lugo, *Pentecostés en Puerto Rico*, p. 20.

industria de vino y cerveza desde muy temprano en su historia. En esos trabajos agrícolas se le unió un nuevo compañero, Gregorio Andujar. En ausencia de Panchito Ortiz, ahora Gregorio se convertía en su compañero en la evangelización. Durante el día, en el campo, en los duros trabajos agrícolas, aprovechaban para dar testimonio de su fe; en las noches, en la ciudad, buscaban alguna iglesia pentecostal donde adorar y mantener la comunión de los santos. Un día encontraron una iglesia pentecostal de habla inglesa y comenzaron a asistir a esa comunidad de fe con regularidad. Siempre con un compromiso inequívoco de guiar a otros a los pies de Cristo. Sobre esta experiencia en los campos y la ciudad de Santa Rosa, Lugo señala:

> Andujar y yo buscábamos por la ciudad alguna iglesia pentecostal. Encontramos al fin una que anunciaba Escuela Bíblica para las dos de la tarde. Volvimos a esa hora y para nuestro mayor gozo, se no asignó una maestra que hablaba español. Tanto nos agradó, que regresamos al campo a buscar a algunos inconversos para traerlos al servicio de la noche.[113]

La formación ministerial de Lugo durante su estadía en la Bahía de San Francisco

El proceso de formación ministerial de Juan L. Lugo se comenzó a desarrollar de una manera informal pero un poco más estructurado mientras estuvo relacionado con la iglesia de habla inglesa en la ciudad de Santa Rosa. Lugo mismo describe este proceso así:

> Comenzaba a encaminarme en la Viña y a laborar para traer fruto. Poco a poco el Redentor me iba preparando para algo más grande. Sin siquiera tener yo parte en ello, un programa de estudios me estaba siendo preparado y por caminos misteriosos me acercaba más al trabajo al que luego he dedicado mi vida entera.[114]

---

[113] Lugo, *Pentecostés en Puerto Rico*, p. 20.

[114] Lugo, *Pentecostés en Puerto Rico*, p. 21.

Es importante recordar que para fines de 1915, Lugo todavía era un creyente relativamente nuevo en los caminos del Señor. Su experiencia de conversión había ocurrido apenas dos años y medio antes. Su llamado al ministerio fue tan contundente que comenzó a predicar tan pronto experimentó la transformación sobrenatural de su vida. No había entonces un instituto bíblico donde prepararse para el ministerio. Su formación ministerial se iba dando en el fragor de la vida evangelística de la iglesia local. El mentor inmediato era su pastor Francisco Ortiz, que tampoco tenía una formación bíblica y teológica sólida. Sin embargo, poseía un compromiso inquebrantable de "dar por gracia lo que por gracia había recibido" y un deseo ardiente de formar jóvenes como su hijo Panchito y Juan L. Lugo, un dúo dinámico que le acompañaba en la obra de la extensión del reino de Dios.

Es en el ambiente de la iglesia local de Santa Rosa que se va forjando su preparación ministerial. Una parte de su formación la recibía de su maestra de escuela dominical la hermana Brown.[115] La otra parte de su formación ministerial la recibió en un "instituto bíblico casero", donde el fundador del futuro Instituto Bíblico Mizpa, comienza el "programa de estudios" para el ministerio. El escenario de este "instituto bíblico casero" fue el hogar de la hermana Elsie Johnson. Esta hermana tuvo un gran impacto en la vida y ministerio del hermano Lugo. Sobre ella Lugo cuenta la siguiente experiencia:

> Al entrar al templo [por primera vez] notamos a una señora que estaba sentada en un escaño cerca de la puerta. Volviéndose, esta hermana fijó sus ojos en mi que iba al frente del grupo…. Terminado aquel servicio castellano que así se había improvisado, la hermana que se había fijado en mi al entrar al templo, cuyo nombre era Elsie Johnson, se levantó y testificó con relación a un sueño que había tenido pocos días antes. Había visto un grupo de personas de tez bronceada entrar al templo y en ese grupo había, atraído su atención un joven. Al entrar nosotros esta noche, ella había reconocido en mi al joven

---

[115] Lugo, *Pentecostés en Puerto Rico*, p. 25.

ese que en su sueño había sido el que conducía al grupo que había visto.[116]

El invierno de 1915 Lugo lo pasó en el hogar de la familia Johnson. Ese fue un tiempo para el estudio sosegado de la Biblia. Bajo la tutela de la hermana Johnson se dio al estudio minucioso de la Palabra del Señor. Durante el receso del trabajo de los campos agrícolas en esta temporada de invierno, intensificó su estudio más detallado de su fe pentecostal. La experiencia en este "instituto bíblico casero" transformó la percepción y entendimiento de la fe que pronto diseminaría en Puerto Rico y el Barrio puertorriqueño en New York. Lugo recordaba esa temporada y afirmaba: "Ese tiempo lo aproveché estudiando la Palabra del Señor y recuerdo que leí las Escrituras completas unas tres veces".[117]

Este periodo de preparación bíblica y ministerial para la obra misionera, incluyó el entendimiento por experiencia propia de lo que significaba la sanidad divina. El mensaje pentecostal estuvo acompañado desde sus inicios por la firme creencia del poder sanador de Jesucristo en el "aquí y ahora". No era sólo una experiencia del tiempo apostólico. Lugo, también aprendió acerca de la Biblia y la doctrina pentecostal y la sanidad divina a través del ministerio de George y Carrie Judd Montgomery y María Woodworth-Etter.[118] Sobre su experiencia de sanidad divina Lugo relata:

> Terminado el trabajo de la remolacha en el verano [1915], mi familia permaneció en Castroville y yo me trasladé a San Francisco. Allí comencé a trabajar en la oficina del telégrafo. Un mal vino a molestarme: un dolor constante en el estómago que me hacía padecer grandemente. Un día cayó en mis manos una hoja suelta anunciando servicios especiales a cargo de la señora Etta Woodworth en uno de los teatros más grande de la

[116] Lugo, *Pentecostés en Puerto Rico*, p. 25.

[117] Lugo, *Pentecostés en Puerto Rico*, p. 22.

[118] Espinosa, *Latino Pentecostals in America*, p. 200.

ciudad. Aquel mismo día pedí permiso en mi trabajo para asistir al servicio. Lleno de fe fui donde la hermana Woodworth para que orara por mí. Apenas lo hubo hecho, sentí que Dios había sanado mi cuerpo como ya antes había sanado mi alma.[119]

De aquí en adelante la sanidad divina no era sólo una doctrina puramente conceptual, sino una experiencia vivencial. La proclamación de esta creencia estaba respaldada por la realidad de que él mismo había sido objeto de la mano sanadora de Jesucristo. "Cristo sana" no era sólo un estribillo pentecostal, sino una experiencia real que resonaba en cada instante en su vida.

La preparación bíblica y ministerial de Lugo para la obra misionera pentecostal continuó ampliándose durante su estadía en este periodo en la Bahía de San Francisco. Gastón Espinoza, historiador de la Iglesia Asambleas de Dios, señala:

la persona que tuvo la influencia más significativa sobre Lugo fue el líder de la Asambleas de Dios, Stanley F. Frodshan. Lugo devoró sus escritos y se sentó bajo su tutelaje cuando éste ministró en el área de la Bahía de San Francisco. Lugo leyó la historia de Frodsham sobre los inicios del movimiento pentecostal, *Con señales siguiendo*. Esta obra tuvo un impacto tan profundo en su fe y consciencia misionera que más tarde la tradujo al español y la asignó como lectura a los estudiantes del Instituto Bíblico Mizpa que años más tarde organizara en Puerto Rico.[120]

Visión sobrenatural con una comisión de regreso a Puerto Rico

De un análisis cercano al recuento de Juan L. Lugo de cómo llegó el mensaje pentecostal a Puerto Rico, *Pentecostés en Puerto Rico: La vida de una misionero*, da la impresión de que Lugo no tenía

---

[119] Lugo, *Pentecostés en Puerto Rico*, pp. 22–23.

[120] Espinosa, *Latino Pentecostals in America*, p. 200. Traducción del autor.

intención alguna de regresar a Puerto Rico. Los últimos quince años de su vida habían transcurrido como obrero en las plantaciones agrícolas entre Hawái y California. Había salido muy niño de Puerto Rico; apenas contaba con diez años de edad y sus recuerdos de la Isla parecían ser borrosos. Por lo tanto, ahora a los 25 años de edad, su intención deliberada era labrarse un futuro en el estado de California, a donde había llegado el 9 de noviembre de 1913[121], todavía en la búsqueda de mejorar su situación económica. De hecho, cuando tuvo la primera oportunidad de regresar a Puerto Rico, rechazó la misma. Esta decisión Lugo la describe de la siguiente manera:

> En aquellos días salió una noticia en el periódico informando que el gobierno enviaría a su país a todo extranjero que quisiera volverse a su tierra.… Mi madre me propuso que nos volviéramos a Puerto Rico, pues ahora podíamos llevar algo que antes no teníamos, la salvación de nuestras almas y el mensaje de redención. Sin embargo, yo confiaba en podernos labrar un buen porvenir en California y no sentía ningún deseo de irme a Puerto Rico. Desistimos, pues, de aquella idea.[122]

Pero, como al apóstol Pablo (Hechos 9), Dios también se le apareció a Juan L. Lugo en su camino en una visión sobrenatural que en pocos meses cambiaría el futuro de su vida. Así es como terminada la cosecha de la remolacha en los campos de *Castroville*, Lugo se traslada a la ciudad de San Francisco en el verano de 1915. Mientras se hospedaba en la residencia de Salomón y Dionisia Feliciano[123], durante la temporada que trabajó en la oficina del telégrafo en San Francisco, Lugo recibe la experiencia de su llamado a regresar a Puerto Rico como misionero pentecostal. La experiencia fue tan clara y contundente que a pesar de que Lugo intentó posponerla por un periodo, no

---

[121] Lugo, *Pentecostés en Puerto Rico*, p. 18.

[122] Lugo, *Pentecostés en Puerto Rico*, p. 23.

[123] De las investigaciones hechas por este autor, todo parece indicar que Salomón Feliciano estaba emparentado con Juana María Feliciano, la madre de Juan L. Lugo. Todos formaron parte del grupo de puertorriqueños y puertorriqueñas que salieron de la Isla para Hawái a principios del 1900.

fue posible hacerlo por mucho tiempo. El cuadro gráfico de su llamado misionero es espectacular. Su relato de la experiencia es el siguiente:

> Mientras la hermana Dionisia preparaba la comida, me puse a leer las Escrituras. De súbito sentí un deseo inmenso de orar. Era una fuerza poderosa que me impulsaba a hablar con mi Señor. Obedecí aquellos sanos impulsos de mi corazón y apenas me hube postrado de rodillas, el poder de Dios vino sobre mi y me lanzó al suelo. Estuve bajo aquella bendición hasta las siete de la noche, y cuando salí para el servicio en la iglesia, todavía me sentía lleno del poder de lo alto. Aquella bendición decidió el resto de mi vida. Mientras estaba en el suelo tendido bajo el poder de Dios, el Señor me llev[ó] en el Espíritu a una alta colina a cuya falda se extendía una gran ciudad. Como había salido de Puerto Rico muy pequeño, apenas recordaba el pueblo de Yauco, sin embargo, el Espíritu me hizo saber que la ciudad que ahora contemplaba era Ponce, la bella perla del Sur y el sitio donde me encontraba era el Vigía. Aquel era el lugar donde tendría ahora que llevar el mensaje de salud.[124]

Transcurriría cerca de un año antes de que Lugo respondiera al llamado misionero de llevar el mensaje pentecostal a la tierra que lo vio nacer. Luego de la experiencia de su llamado misionero a Puerto Rico, Lugo renuncia a su trabajo en la oficina del telégrafo en San Francisco y se une a su familia, que ahora residía en la ciudad de San José, otra ciudad cercana a la Bahía de San Francisco. En San José se une nuevamente al trabajo evangelístico junto a su pastor Francisco Ortiz y su amigo de luchas evangelísticas y pastorales por más de diez años, Panchito Ortiz. Por la multiforme gracia de Dios, una vez más, este incansable trío de paladines del evangelio pentecostal entre los hispanos de la Bahía de San Francisco, se reconfigura para una nueva temporada evangelística y pastoral. Esta vez lo hacen bajo las alas de una Iglesia Asambleas de Dios anglosajona de San José, que mantenía un alcance ministerial entre los anglosajones,

---

[124] Lugo, *Pentecostés en Puerto Rico*, pp. 23–24.

portugueses e hispanos de la ciudad. En esta congregación multiétnica, Francisco Ortiz estaba a cargo del trabajo de alcance entre los latinos. Es como parte del equipo ministerial de esta iglesia que Francisco Ortiz solicitó ordenación al *pleno ministerio* del Concilio General de las Asambleas de Dios en 1916.[125] Ya este concilio de iglesias se había organizado en la ciudad de *Hot Springs, Arkansas* el 2 de abril de 1914. El Concilio General de las Asambleas de Dios responde positivamente a la petición de Francisco Ortiz y el 16[126] de enero de 1916 ordena no solamente a Francisco Ortiz sino también a Panchito Ortiz, su hijo, y a Juan L. Lugo.[127] Gastón Espinoza señala que el ministro que estuvo a cargo de la ordenación del trío al *pleno ministerio* fue líder de las Asambleas de Dios Stanley F. Frodsham, el líder pentecostal de mayor influencia en la vida de Juan L. Lugo, según Espinoza.[128] De este momento en adelante, al igual que sucedió en el relato del libro de Los Hechos (capítulo13), donde se comienza a hablar sobre Bernabé y Saulo y al final del capítulo cambia el orden hacia Saulo y Bernabé, el orden de cómo se desarrolla la historia de pentecostés entre los puertorriqueños en Hawái y California, cambia de Francisco Ortiz, Panchito Ortiz y Juan L. Lugo a Juan L. Lugo, Panchito Ortiz y Francisco Ortiz. Como se indicó anteriormente la amistad y relación ministerial de Lugo y Panchito fue excepcional. Fueron dos jóvenes que por un periodo de diez años compartieron responsabilidades evangelísticas, pastorales y misioneras en Honolulu, Hawái, en la ciudades alrededor de la Bahía de San Francisco, en Los Ángeles y en Puerto Rico. Sobre su amistad y labor ministerial en conjunto Lugo dice, cuando ya Panchito estaba con el Señor:

> Era ciertamente un placer inmenso para mi trabajar junto a este querido hermano Panchito. Era un siervo abnegado y lleno de amor. Su vida era ejemplar y digna de emularse

---

[125] Lugo, *Pentecostés en Puerto Rico*, p. 24.

[126] Unos documentos señalan el 16 de enero de 1916 como la fecha de su ordenación. Sin embargo, una copia del Certificado de Ordenación de John L. Lugo -de Castroville, California, incluida en los anejos- señala el 30 de enero de 1916 como la fecha de su ordenación.

[127] Lugo, *Pentecostés en Puerto Rico*, pp. 24–25.

[128] Espinosa, *Latino Pentecostals in America*, pp. 200–201.

por los que bajo su ministerio venían al Señor. Nunca parecía desfallecer físicamente. Cuanto mayor era la faena tanto más le gustaba. Lleno de ardor y energía daba el frente a todo nuevo trabajo y para mi su esfuerzo era un aliciente que me animaba a mayor esfuerzo propio. Estoy seguro que aquella asociación con él en los comienzos de mi carrera cristiana fué uno de los medios que Dios uso para labrar mi propio carácter.[129]

A mediados del mes de febrero de 1916, cerca de un mes después de ser ordenados al *pleno ministerio,* Lugo y Panchito Ortiz se separan de su mentor, Francisco Ortiz, ubicado en la ciudad de San José, para iniciar una labor evangelística en la metrópolis de Los Ángeles. En esta ciudad Lugo se encontró nuevamente con la hermana Brown, aquella maestra de escuela dominical de la iglesia de la ciudad de Santa Rosa, que había dedicado tiempo a enseñarle "la bendita Palabra de Dios". Junto a la hermana Brown se encontraba otra hermana con recursos financieros y un corazón misionero que los ayudó a alquilar un salón en una de las calles de Los Ángeles, donde comenzaron su primera obra pastoral.[130] En la Plaza Mexicana de Los Ángeles, celebraban los servicios al aire libre y luego invitaban a las personas a que los acompañaran al lugar donde tenían el salón de reuniones. Esta práctica de celebrar cultos al aire libre y luego invitar a las personas convertidas al salón de reuniones, fue una estrategia que Lugo perfeccionó y que usó con mucho éxito durante su trabajo misionero en todo Puerto Rico y más tarde en el este de Estados Unidos. Unos meses más tarde, para abril de 1916, su amigo del alma, Panchito, regresó con su familia a la ciudad de San José. Lugo se quedó solo sirviendo como pastor en la pequeña comunidad de mexicanos que habían alcanzado. Panchito no estuvo mucho tiempo en San José. Su deseo de acompañar a su amigo de luchas evangelísticas pudo más y regresó con él a Los Ángeles.

La obra pastoral de Lugo entre los mexicanos de Los Ángeles no prosperó como él anticipaba.[131] Dios ya había, en su maravillosa

---

[129] Lugo, *Pentecostés en Puerto Rico*, p. 27.

[130] Lugo, *Pentecostés en Puerto Rico*, pp. 25–26.

[131] Lugo, *Pentecostés en Puerto Rico*, p. 26.

gracia, seleccionado un lugar donde lo bendeciría a manos llenas. Al igual que a Pablo, que el Espíritu no le permitió ir a ni Bitinia ni a Misia porque había un llamado macedonio esperándolo (Hechos 16:6-16), Dios no le permitió a Lugo quedarse pastoreando en Los Ángeles, porque había un "llamado borincano" esperándolo en *la tierra del Edén*. Ya que su trabajo pastoral en la ciudad de Los Ángeles no prosperó significativamente, en su ansiedad por encontrar un lugar para adorar, Lugo y Panchito llegan al Templo Betel, ubicado en la calle Buenavista en Los Ángeles. Espinoza identifica esta iglesia como la más grande de las Asambleas de Dios en la ciudad en esa época.[132] En una reunión de jóvenes en esta congregación, con un sentido claro de su responsabilidad misionera, Lugo testifica sobre su llamado a llevar el mensaje pentecostal a Puerto Rico. Su testimonio desata una serie de decisiones y acciones del grupo juvenil dirigido por la joven Hulda Needham, hija del pastor de la iglesia. En oración este grupo de jóvenes había recibido el mensaje de que enviara a Lugo inmediatamente al campo misionero y la iglesia había separado el dinero para enviar a Lugo a Puerto Rico con todo el dinero necesario para el viaje de regreso a Borinquen como misionero del Templo Betel de Los Ángeles.[133] Finalmente, le había llegado a Lugo "la hora cero" para convertir en realidad la visión que Dios le había revelado hacía sólo unos meses antes. Sin embargo, daba la impresión de que todavía los deseos de Lugo era permanecer en el estado de California. Ahora, aún el impedimento económico no era una razón para posponer por más tiempo el cumplimiento de su llamado misionero. De manera que la respuesta de Lugo a la acción sobrenatural de Dios, por medio de los jóvenes de la congregación del Templo Betel, fue la siguiente:

> Ya no podía resistir. No podía ser rebelde a la orden divina, y aunque entonces no sentía deseos de salir, decidí allí mismo que debía obedecer cuanto antes. Indiqué al hermano que era necesario que yo viera a mi familia, a la sazón en San José, antes de irme. Me proveyeron dinero para ir allá, y luego de unos días de

---

[132] Espinosa, *Latino Pentecostals in America*, p. 201.

[133] Lugo, *Pentecostés en Puerto Rico*, pp. 27–28.

despedida entre ellos, volví a Los Ángeles listo para partir a Puerto Rico.[134]

El retorno a los suyos a San José, por algunos días, fue un tiempo de encuentro familiar para dialogar y orar por su salida al campo misionero en Puerto Rico. Parte del diálogo de esas reuniones familiares tuvo que, de alguna manera, recoger el deseo que - antes de la visión del llamado de Lugo para ir como misionero a la Isla- le había expresado su madre de regresar a Puerto Rico. La hermana Juana le había indicado claramente a su hijo el deseo de regresar a la Isla, para compartir con su pueblo el mensaje de salvación que había recibido. Lugo mismo señaló que ante los planes del estado de California de repatriar a los extranjeros – para fines de 1915- que quisieran regresar a su tierra, la propuesta de su madre fue muy clara: "Mi madre me propuso que nos volviéramos a Puerto Rico, pues ahora podíamos llevar algo que antes no teníamos, la salvación de nuestras almas y el mensaje de redención." [135] Aunque este deseo no se le hizo realidad a la hermana Juana, ahora, un año más tarde, su hijo tenía la oportunidad de regresar a Puerto Rico, no como un repatriado por el estado de California, sino como un embajador del Dios Altísimo, apoyado en su obra misionera por la congregación del Templo Betel de las Asambleas de Dios en Los Ángeles, California. El recuerdo de estos días con su familia, antes de salir para Borinquen, *la tierra del Edén*, Lugo los describe de la siguiente forma: "Hoy estoy seguro que aquellos últimos días junto a los míos, orando con ellos por la labor que se había encomendado en mis manos y suplicando al Señor que nos dirigiera en todos los pasos, fueron de grande ayuda espiritual en el desarrollo de mi trabajo subsecuente".[136]

De esta manera, se acerca el tiempo para iniciar el retorno de Juan Dionicio Lugo Caraballo, mejor conocido como Juan León Lugo, como misionero pentecostal a *la tierra de Borinquen* de donde había salido en el 1900, de sólo diez años de

---

[134] Lugo, *Pentecostés en Puerto Rico*, p. 29.

[135] Lugo, *Pentecostés en Puerto Rico*, p. 23.

[136] Lugo, *Pentecostés en Puerto Rico*, p. 29.

edad. Juan, había salido con su mamá, su hermana, Juana Carmen Lugo Caraballo (Carmela) y su tía Micaela, esposo e hijos e hijas, junto a los braceros y braceras de la *tierra del Edén,* para las Islas de Hawái en la búsqueda de *la vida mejor.* Ahora es un joven, *hecho y derecho*, de veintiséis años, lleno de entusiasmo y seguro de la misión que portaba en su corazón y manos. Firme y convencido del llamado que Dios le ha hecho como su embajador, está listo para emprender el viaje más importante de su vida.

En el próximo capítulo acompañaremos a Juan L. Lugo en su viaje de regreso a Puerto Rico, como misionero pentecostal, dieciséis años después de haber salido como parte del contingente de braceros puertorriqueños a las plantaciones de caña de Hawái. En el peregrinaje de este joven, de extracción humilde, se podrá afirmar con el salmista: "Por Jehová son ordenados los pasos del hombre y él aprueba su camino" (Salmo 37:23). De igual manera, declarar con el apóstol Pablo: "¡Profundidad de las riquezas, de la sabiduría y del conocimiento de Dios! ¡Cuán insondables son sus juicios e inescrutables sus caminos!" (Romanos 11:33). ¡Adelante!

Capítulo V: Rumbo a Puerto Rico como misionero pentecostal

Una noche, Pablo tuvo una visión.
Un varón macedonio estaba en pie,
rogándole y diciendo: Pasa a Macedonia y ayúdanos.
Hechos 16:9

El viaje de regreso a Puerto Rico

Habían pasado dieciséis años desde el día en que el niño Juan había avistado el horizonte borincano desaparecer al final de la estela espumosa que el buque "Arkadia" dejaba, mientras se alejaba de la costa borincana. En aquel momento el viaje de salida de Juan y su hermana Carmela para Hawái estaba lleno de entusiasmo por la aventura de salir de su vecindario a un lugar desconocido. Estas son los recuerdos de adulto maduro del hermano Lugo: "Para mí, como para los otros muchachos que íbamos en el barco, el viaje fue una aventura continua. Nuestras mentes inocentes y huérfanas de las preocupaciones que el mundo tiene para el que no conoce el refugio en Cristo, sólo absorbían la emoción de lo nuevo".[137]

Por otro lado, en el relato de *Juana*, Tom Torres afirma que en el recuerdo de su bisabuela estaba clara la nostalgia que ella detectó en Juan y Carmela, pues dejaban atrás a Juliana Lugo (Julia), su hermana mayor. En muchas ocasiones Julia les sirvió de nana y les enseñó a jugar muchos de los juegos que los niños jugaban juntos en el vecindario.[138] Era muy natural que sintieran la separación física de su hermana que se quedaba en Yauco con su esposo y familia.

Pasado esos dieciséis años, ya aquel niño de diez años se había convertido en un joven de 26 años, lleno del fervor del mensaje pentecostal y listo para obedecer el llamado de regresar a su patria a compartir las buenas nuevas de *la vida mejor* que, junto a su madre Juana, su hermana Carmela y su padrastro Medina, había encontrado en las lejanas tierras de Hawái. Ahora estaba listo para iniciar el viaje de regreso como misionero a su linda Borinquen.

El proyecto misionero pentecostal de Juan L. Lugo hacia Puerto Rico, no fue una misión solitaria. Los jóvenes de la congregación del Templo Betel de las Asambleas de Dios en Los Ángeles, tomaron muy en serio su proyecto y lo hicieron parte del alcance misionero de la iglesia. A su regreso a la congregación, luego de la breve visita de despedida con su familia en San José, los jóvenes de Betel prepararon el viaje de salida de Lugo para Puerto Rico.[139] No se quedó un solo detalle sin organizar. Compraron el boleto de viaje, le proveyeron dinero para los gastos incidentales de la travesía y, con toda probabilidad, hicieron los arreglos para que Lugo visitara las oficinas principales de las Asambleas de Dios en *San Luis, Missouri* y luego, en New York, la casa misionera de esta denominación, antes de tomar el vapor *Carolina* que lo llevaría finalmente a Puerto Rico. Además, organizaron una impresionante despedida en la estación

---

[137] Lugo, *Pentecostés en Puerto Rico*, p. 7.

[138] Torres, *Juana*, p. 36.

[139] Torres, *Juana*, p. 36.

Santa Fe del tren en Los Ángeles, que estremeció el corazón del joven misionero. Sobre la despedida en la estación Santa Fe, Lugo dijo años más tarde:

> No había en aquella despedida el espíritu de tristeza que generalmente acompaña tales ocasiones. Más bien parecía haber en cada uno un sentimiento de regocijo en ver la encomienda del Señor caminando hacia delante. Todos me habían aprendido a amar en el corto espacio de tiempo que estuve con ellos y sé bien que cada uno sentía tener parte en la responsabilidad de la evangelización de Puerto Rico.[140]

Sin lugar a dudas, Lugo entendió que su viaje misionero hacia su tierra natal era no sólo su proyecto misionero, sino también la aspiración de una iglesia misionera que entendía que había que llevar el evangelio a todas las naciones ante del fin. Su respuesta a aquella explosión de amor y compromiso misionero de los jóvenes de Betel, capitaneados por Hulda Needham, fue clara y precisa. "Ahora tenía que luchar no tan solo para cumplir con mi Salvador, sino también para justificar lo que aquellos hermanos hacían en mi provecho".[141]

La parada en San Luis, Missouri en su ruta a Puerto Rico

De este modo, el 17 de agosto de 1916 a las 2:00 p. m., en medio de una jubilosa despedida de entusiasmo juvenil, Juan L. Lugo emprende el viaje que lo llevará como misionero pentecostal a la *Isla del Cordero*. La ruta del viaje tenía una parada en las oficinas generales del Concilio General de las Asambleas de Dios en *San Luis, Missouri*. Esta breve parada le ofreció la oportunidad para entrevistarse con el reverendo Joseph Roswell Flower [142] ,

---

[140] Torres, *Juana*, p. 29.

[141] Torres, *Juana*, p. 29.

[142] David Ringer, "J. Roswell Flower: Pentecostal Servant and Statesman," 14–23, accessed March 1, 2015, http://ifphc.org/Uploads/Heritage/2012_03.pdf. Joseph Roswell Flower fue uno de los líderes más prominentes de las Asambleas de Dios durante las primeras cuatro décadas de esta denominación. Nacido en Ontario, Canadá, se traslada con sus padres a Zion City, Illinois en el 1902, cuando apenas tenía 13 años. En abril de

secretario general del concilio. El breve tiempo del joven Lugo con este experimentado líder de las Asambleas de Dios, le dio nuevos bríos para afirmar su proyecto misionero a Puerto Rico. Expresa Lugo sobre este tiempo con Flower: "Salí de su lado fortalecido y animoso para la lucha que Dios había provisto para mi".[143]

Es importante señalar en este momento, que para el año 1916 había mucha efervescencia teológica en el mundo pentecostal estadounidense. Durante ese año había escalado a su nivel más agrio la controversia teológica sobre la doctrina de la Trinidad. El grupo de los pentecostales unitarios[144] (Sólo Jesús) estaban ya a punto de separarse de los pentecostales trinitarios. Aún, en el liderazgo más alto de las Asambleas de Dios, había líderes que simpatizaban con las posiciones de los pentecostales unitarios.[145] Como resultado de esta controversia doctrinal, las Asambleas de Dios adoptaron en su cuarto Concilio General, en Saint Louis, Missouri, el 1 de octubre de1916, la "Declaración de verdades fundamentales"[146] que proveyó "las bases para la confraternidad" de las Asambleas de Dios.[147] Fue precisamente Joseph Roswell Flower uno de los que más firmemente defendió la doctrina de la Trinidad y ayudó a las Asambleas de Dios a capear

---

1914, durante la reunión de organización del Concilio General de las asambleas de Dios fue electo como su primer Secretario General a la edad de 25 años. Flower fue un líder que enfatizó la obra evangelística y misionera desde su misma conversión.

[143] Ringer, "J. Roswell Flower"; Lugo, *Pentecostés En Puerto Rico*, p. 30.

[144] El grupo de los pentecostales unitarios se organizaron en el sector Arroyo Seco cerca de Los Ángeles en 1913.

[145] Glenn W. Gohr, "The Historical Development of the Statement of Fundamental Truths," p. 62, accessed September 10, 2014, http://ifphc.org/uploads/heritage/2012_08.pdf. Uno de los líderes de las Asambleas de Dios que simpatizaba con las posturas de los pentecostales unitarios fue E. N. Bell, Presidente General del Concilio General. De hecho se había rebautizado en el nombre de Jesús en 1915. Sin embargo, cuando los proponentes de bautizar en el nombre de Jesús comenzaron a rechazar la doctrina de la Trinidad, Bell se distanció de ellos.

[146] Gohr, "The Historical Development of the Statement of Fundamental Truths," p. 62.

[147] Gohr, "The Historical Development of the Statement of Fundamental Truths," pp. 61–66.

este huracán de divergencias doctrinales. Por eso, la visita de Lugo a Joseph Roswell Flower antes de salir hacia Puerto Rico, fue sumamente importante para determinar que ala del pentecostalismo llegaría a la *Isla del Cordero* en el 1916. Una vez concluida la visita de Juan L. Lugo con el Secretario General del Concilio, Flower, éste lo encamina hacia su próxima parada en la ciudad de New York, en ruta hacia Puerto Rico.

De San Luis a New York

Al llegar a New York, Juan L. Lugo se hospedó en la casa misionera que dirigía el hermano Robert Brown en la Calle 42. Esta casa misionera formó parte del ministerio de la iglesia Glad Tidings Tabernacle, fundada por Marie y Robert A. Brown en la ciudad de New York en el 1908.[148] Es posible que de su reunión con Joseph Roswell Flowers, surgiera la recomendación de que el joven Lugo se hospedara en New York en esta casa misionera antes de salir para Puerto Rico. No hay evidencia de que Lugo tuviera contactos personales en New York que lo recibieran y los hospedaran. Por lo que es razonable pensar, que los contactos como nuevo misionero de las Asambleas de Dios, se hicieran desde la oficina de San Luis, Missouri. Esta experiencia de varios días en esta casa misionera antes de salir para Puerto Rico, probó ser de muchísima ayuda para el joven inexperto misionero. Lugo mismo señala: "Estoy cierto que Dios dispuso todas estas paradas para aumentar mis entusiasmo y coraje. Pues en este lugar escuché muchas experiencias misioneras que aumentaron mi fe."[149] En esa casa misionera de la 42 en New York, Lugo fue alimentado y fortalecido en su encomienda misionera. Como se ha afirmado antes, Lugo apenas contaba con tres años de convertido y ya estaba en una empresa misionera de grande envergadura. Su estadía en esta casa fue parte de la preparación misionera que el Señor en su multiforme gracia le había otorgado, antes de enfrentar los desafíos de ser profeta en su propia tierra. Lugo dijo

---

[148] "http://www.seeking4truth.com/assemblies_of_god_roots.htm - Google Search," accessed September 11, 2014, https://www.google.com/#q=http:%2F%2Fwww.seeking4truth.com%2Fassembli es_of_god_roots.htm+.

[149] Lugo, *Pentecostés en Puerto Rico*, p. 30.

años más tarde: "Pues en ese lugar escuché experiencias misioneras que aumentaron mi fe".[150]

Entre las personas que Lugo conoció durante su breve visita a New York, menciona a un misionero de apellido "Jameson", que regresaba de hacer labor misionara en Saint Thomas, Islas Vírgenes. Me pregunto si este misionero pudo haber sido S. A. Jamieson, quien formó parte del comité de las Asambleas de Dios, que en el Concilio General de 1916, redactó el documento que se conoció como, la *Declaración de verdades fundamentales*.[151] El encuentro de Lugo con este misionero fue fundamental para su primer trabajo a su llegada a Puerto Rico. "Jameson" compartió con Lugo el nombre de una hermana santomeña que se había convertido bajo su trabajo misionero en St. Thomas y que en ese momento vivía en Puerto Rico. Lugo identifica esta hermana de la siguiente forma: "La hermana Michael, que así se llamaba dicha sierva, tenía su hogar en la parada 18 1/2 de aquel condado, y si bien era cierto que yo iba trabajar en Ponce, me regocijaba pensar que por lo menos tendría un hogar cristiano en el puerto de desembarco donde poder pasar unas horas de adoración".[152]

Es interesante notar, que cuando el niño Juan salió de Yauco hacia Hawái -en el 1900- iba acompañado de una tía de nombre Micaela. En el relato sobre *Juana*, Tom Torres señala lo siguiente: "a mis hijos, Micaela, su esposo e hijos, otros amigos y yo nos recogieron en nuestro vecindario a las 7:00 de la mañana el 22 de noviembre de 1900."[153] Dieciséis años después al regresar, como misionero pentecostal a Puerto Rico, Juan L. Lugo sería recibido por otra Micaela. ¡Las cosas maravillosas de la gracia multiforme de Dios!

Como venía diciendo, la experiencia de Lugo con "Jameson", le sirvió de escuela misionera. Lugo lo escuchó atentamente, relacionando los relatos misioneros de este luchador en área

---

[150] Lugo, *Pentecostés en Puerto Rico*, p. 30.

[151] Gohr, "The Historical Development of the Statement of Fundamental Truths," p. 62.

[152] Gohr, "The Historical Development of the Statement of Fundamental Truths," p. 62.

[153] Torres, *Juana*, p. 35.

antillana, con su inmediata expedición misionara a su patria. De los relatos de este misionero, Lugo entendió que su tarea no sería fácil. El camino por andar no era cómodo y espacioso; había cardos y espinas en el mismo. Pero el interés de este misionero no era desalentar al joven misionero, sino afirmarle la compañía de su Dios en los momentos exitosos como en los dificultosos, a lo largo de todo el peregrinaje. Debía confiar que siempre tendría una visión clara del Invisible. Esta imagen de compañía del Señor de la mies, que se va forjando en la mente del joven misionero mientras escuchaba al misionero experimentado, Lugo la describe de la siguiente manera:

> Escuchando las maneras gloriosas en que Dios había bendecido a este misionero, sentía crecer en mi la confianza de que Dios me daría una victoria completa en Puerto Rico. Me entusiasmaba oyéndolo dar gracias por las tribulaciones que en distintas ocasiones le habían acosado. Escuchando como una tras otra habían caído las barreras que el enemigo de la Justicia había querido poner en el camino, glorificaba yo también al Omnipotente Jehová de los Ejércitos que nunca abandona a los suyos.[154]

Luego de estos días en la casa misionera de los pastores Marie y Robert A. Brown en la 42 en New York, el escenario está preparado para el retorno de Juan L. Lugo a Puerto Rico como su pionero del mensaje pentecostal. Habían transcurrido dieciséis años desde su salida. En su año de salida, Juan tenía un anhelo de niño por nuevas aventuras en un vecindario diferente. El viaje de ida a Hawái, a su edad, no contemplaba mayores dificultades. Era una aventura de niño que sólo pensaba en las momentos de juego con los demás niños del viaje. Ahora su viaje de regreso a su patria, va lleno de enormes responsabilidades. No es un viajero cualquiera; es un hombre llamado y comisionado por Dios para una tarea especial en su tierra natal. No conoce la Isla; sólo le quedan recuerdos borrosos de su memoria de niño de un pequeño vecindario del pueblo de Yauco. Pero es portador de una visión

---

[154] Torres, *Juana*, p. 30.

sobrenatural para una ciudad de la Isla donde Dios le dijo que tenía que llevar el mensaje del fuego del Espíritu Santo.

La noche del 29 de agosto de 1916, víspera de su salida para la Isla, tiene que haber sido una extensa y de oración y diálogo franco con el Señor que le pidió que regresara a Puerto Rico como su embajador del mensaje pentecostal. ¡Cuántas cosas debieron pasar por su mente! Sería un viaje solo; no tenía compañeros con quien compartir sus dudas y preocupaciones. Pero confiado y seguro de su llamamiento, descansó aquella noche, confiado de que el Señor lo guiaría por caminos seguros. Como el salmista del Salmo 4 tiene que haber dicho: "En paz me acostaré y asimismo dormiré, porque sólo tú, Jehová, me haces vivir confiado".

En la mañana del 30 de agosto de 1916, Juan L. Lugo abordó el vapor "Carolina" que lo llevará a Puerto Rico a iniciar su trabajo como pionero del mensaje pentecostal. Otra vez, sería un día de profunda meditación. Esta era una manera diferente de cruzar el Atlántico. Ahora su mira estaba puesta en su meta de evangelizar a Puerto Rico con el mensaje pentecostal. Su recuerdo de este momento es fabuloso. Así lo describe:

> Cuando al fin salí a bordo del vapor "Carolina" rumbo a las playas borincanas que años antes había abandonado, iba lleno de confianza en mi Señor. Recordé muchas veces la ocasión anterior en que crucé aquel mar. Iba, entonces, lleno de inocencia de la niñez ajeno a la lucha de los siglos –la lucha entre Satanás y el Hijo del Hombre por el alma de los mortales. Libre de todas preocupaciones soñaba con el momento de llegar a Hawái para ver nuevos lugares. Hoy, con el peso de la responsabilidad de las almas que se pierden sobre mi conciencia, anhelaba llegar al terruño amado para decir a voz en cuello que el Hijo de Dios había dado Su vida por librar al hombre del pecado y muerte eterna.[155]

---

[155] Torres, *Juana*, pp. 30–31.

De este modo nos preparamos para desembarcar con Juan L. Lugo en San Juan en la noche del 30 de agosto de1916. En el próximo y último capítulo de esta obra, lo acompañaremos a su llegada a la Isla e inicio de su extraordinario ministerio que llenó a la *Isla del Cordero* de un mensaje de esperanza y de *la vida mejor* para las grandes masas empobrecidas del pueblo de Puerto Rico.

Capítulo VI: Llegada de Juan L. Lugo a Puerto Rico como misionero pentecostal

Los que sembraron con lágrimas, con regocijo segarán.
Irá andando y llorando el que lleva la preciosa semilla,
pero al volver vendrá con regocijo trayendo sus gavillas.
Salmo 126:5-6

Dieciséis años después en la Bahía de San Juan

El jueves 22 de noviembre de 1900, alrededor de la 1:00 de la tarde -desde el puerto de San Juan- Juan Dionicio Lugo Caraballo, mejor conocido por Juan L. Lugo, abordó, junto a su madre Juana María Caraballo Feliciano, su hermana Juana Carmen Lugo Caraballo y su tía Micaela Caraballo Feliciano, esposo e hijos el vapor "Arkadia", rumbo a *New Orleans, Louisiana*. Lugo era sólo de diez años de edad en ese momento. Esa fue la primera parte de su largo viaje a Honolulu, Hawái. El propósito claro de su madre fue salir de Puerto Rico para buscar *la vida mejor* en las Islas de Hawái.

El miércoles, 30 de agosto de 1916 -tarde en la noche, dieciséis años después- Juan L. Lugo, de 26 años de edad, regresa solo al puerto de San Juan en el vapor "Carolina", con el convencimiento de que él, su madre y hermana habían encontrado en Hawái *la vida mejor*. Su encuentro con el evangelio pentecostal en Hawái había cambiado el rumbo de sus vidas radicalmente. Su viaje a Hawái había sido un salto al vacío, pero el Dios de misericordia les había "cambiado su lamento en baile, quitado la ropa áspera y vestido de alegría" (Salmo 30.11). Ahora dieciséis años más tarde regresa al mismo puerto de San Juan, "como un guerrero en suelo extraño que se aprestaba a luchar contra un enemigo fuerte, pero destinado ya a sucumbir".[156]

Es interesante destacar que el vapor "SS Carolina" en el que Lugo llegó a Puerto Rico en agosto de 1916, dos años más tarde -2 de junio de 1918- fue torpedeado por el submarino alemán, SMU-151, y se hundió en la costa de *New Jersey*. Afortunadamente, no hubo víctimas entre los 217 pasajeros, que en su mayoría eran puertorriqueños. Una experiencia semejante ocurrió con el buque "SS City of Rio Janeiro", en el que Lugo y su familia viajaron de San Francisco a Honolulu, Hawái en el 1900. Dos meses después -el 22 de febrero de 1901- de llevar a los braceros puertorriqueños del primer viaje a Hawái, el "SS City of Rio Janeiro" se hundió en la aguas de la Bahía de San Francisco, frente al *Golden Gate*. El hundimiento del "SS City of Rio Janeiro", sí fue trágico; sólo 81 de los 227 pasajeros y tripulantes que viajaban en el vapor sobrevivieron.[157]

Cuando Lugo salió de niño de Puerto Rico en el 1900, la Isla estaba sumida en la miseria, pobreza y desesperanza. Como indicamos en el primer capítulo de esta obra, la invasión estadounidense en la Isla no había cambiado para lo mejor la situación del campesinado y de la fuerza trabajadora, que eran la

---

[156] Torres, *Juana*, p. 31.

[157] "The Maritime Heritage Project Ship Passengers, San Francisco: 1846-1899," *Http://www.maritimeheritage.org/ships/ss-Rio-de-Janeiro.html*, n.d.

mayoría del pueblo. A su regreso a Puerto Rico, en el 1916, la situación política del país estaba cargada con la agitación relacionada a la aprobación del Acta Jones y sus implicaciones para el pueblo de Puerto Rico. Esta segunda Ley Orgánica sustituiría la Ley Orgánica Foraker de 1900. El Acta Jones la firmó el presidente Woodrow Wilson el 2 de marzo de 1917. La misma - entre muchas otras disposiciones- le otorgó la ciudadanía americana a los puertorriqueños, estableció una carta de derechos para el pueblo puertorriqueño, creó un gobierno organizado en tres ramas separadas, rama ejecutiva, rama legislativa bicameral - Cámara de Representantes y Senado- y la rama judicial, declaró a Puerto Rico un territorio no incorporado, se autorizaron elecciones cada cuatro años, y se estableció el inglés como el idioma oficial de Puerto Rico

Hubo mucha oposición del liderazgo puertorriqueño a que se le impusiera la ciudadanía americana a los puertorriqueños, pero finalmente la Ley se aprobó y los puertorriqueños fueron declarados ciudadanos americanos por una ley del Congreso. Cerca de 288 puertorriqueños juraron mantener la ciudadanía puertorriqueña y rechazaron la americana.[158] Sin embargo, a este grupo de personas se le impedía el derecho al sufragio y, además, no tenían protección constitucional alguna.

El proyecto de la Ley Jones se había estado considerando desde diciembre de 1916 y se le presentó al presidente Woodrow Wilson, inmediatamente después del rompimiento de relaciones diplomáticas con Alemania en febrero de 1917. Ya para fines del 1916 estaba bastante claro que Estados Unidos entraría a la Primera Guerra Mundial y no conseguía la cuota[159] de soldados

---

[158] "Ley Jones," *Enciclopedia de Puerto Rico: Fundación Puertorriqueña de las Humanidades*, n.d., http://www.enciclopediapr.org/esp/article.cfm?ref=09072205.

[159] Ver "José de Diego," *Pomarrosas*, accessed September 10, 2015, http://pomarrosas.com/Jos_de_Diego.html. José de Diego, uno de los más aguerridos opositores a la ciudadanía estadounidense, lo expresó de la siguiente manera: "... [N]os opondremos a toda forma de autonomía, en sentido de permanencia, aun a los más radicales sistemas de gobierno colonial, *a toda ciudadanía* y a toda soberanía que no sean las nuestras, a la adopción de ninguna extraña bandera, al reconocimiento de ninguna otra patria que no esté en la tierra

necesaria por medio de la inscripción voluntaria.[160] Dos meses después de otorgarle la ciudadanía estadounidense a los puertorriqueños -18 de mayo de 1917- el presidente Woodrow Wilson firmó el Acta del Servicio Militar Obligatorio de 1917. Una proclama del presidente estableció el 5 de julio de 1917[161] como la fecha para el inicio de la conscripción obligatoria en Puerto Rico. Desde mi perspectiva, la otorgación de la ciudadanía estadounidense a los puertorriqueños tenía un precio muy alto; éstos tenían que ser parte de las fuerzas armadas de los Estados Unidos para engrosar los efectivos que se necesitaban en las fuerzas castrenses de la nación. Como ciudadanos puertorriqueños no podían ser enlistados compulsoriamente en las fuerzas armadas estadounidenses, pero como ciudadanos estadounidenses sí tenían que someterse a la conscripción obligatoria. En mi caso particular, creo que esta fue una de las razones principales por la que se le extendió la ciudadanía estadounidense a los puertorriqueños en el 1917. Sobre esta visión hay opiniones divergentes. Por ejemplo, Elvin González Pérez, en un artículo académicamente serio y muy interesante, titulado, *Intensiones de la Ley Jones de 1917 y la ciudadanía estadounidense*, concluyó "que la ciudadanía estadounidense fue otorgada por factores militares estratégicos y para evitar cualquier tipo de insurrección nacionalista provocada por el maltrato y la violación a los derechos humanos de la población de Puerto Rico".[162] Personalmente, sostengo que esta opinión no cancela el hecho de que fuera otorgada, también, para facilitar el ingreso de puertorriqueños en las fuerzas armadas de Estados

---

en que hemos nacido y por la que debemos, bravamente, gloriosamente, cuando morir sea necesario para la libertad de la Patria". Énfasis suplido.

[160] "Selective Service Act of 1917," *Wikipedia, the Free Encyclopedia*, July 28, 2015, https://en.wikipedia.org/w/index.php?title=Selective_Service_Act_of_1917&oldid=673505199.

[161] "World War I Selective Service System Draft Registration Cards, M1509," *National Archives*, n.d., http://www.archives.gov/research/military/ww1/draft-registration/.

[162] Elvin A. González Pérez, "Intenciones de la Ley Jones de 1917 y la ciudadanía estadounidense," accessed September 10, 2015, https://www.academia.edu/7949555/Intenciones_de_la_Ley_Jones_de_1917_y_la_ciudadan%C3%ADa_estadounidense.

Unidos. Como resultado de la otorgación de la ciudadanía estadounidense a los puertorriqueños en 1917, cerca de 236,853 puertorriqueños fueron inscritos en el Servicio Militar Obligatorio y 17,855 fueron enlistados para participar en la Primera Guerra Mundial.[163] Los hechos históricos son contundentes.

En adición a la situación política del momento, la situación económica del campesino puertorriqueño no había cambiado gran cosa. Todavía había hambre, miseria y desesperanza. Esta vez, se añadía a la situación desesperante del pueblo otro fenómeno atmosférico devastador para el país: un gran terremoto -7.5 en la escala de *Richter*- azotó a la Isla a las 10.14 a.m. el 11 de octubre de 1918. Una vez más, la empobrecida Isla tuvo pérdidas de vidas -cerca de 116- y pérdidas económicas que se calcularon en cerca de cuatro millones de dólares, que representaba cerca de dos veces el presupuesto anual de la Isla en aquel entonces. Es importante notar, que este poderoso terremoto fue seguido de inmediato por un tsunami que desarrolló olas de cerca de 20 pies de alto. Se estimó que cerca de 40 de muertes de las 116, fueron ocasionadas por el tsunami.[164]

Cuando Juan L. Lugo llegó a Puerto Rico en 1916 el gobernador de la Isla era Arthur Yager. Este gobernador fue uno de los gobernadores mejores preparados, académicamente, de los nombrados por el presidente de Estados Unidos. Yager fue nombrado gobernador de Puerto Rico por el presidente Woodrow Wilson [165], quien había sido su compañero de clases en la Universidad de John Hopkins, donde ambos habían obtenido sus doctorados en filosofía (Ph.D.). Previo a ocupar la posición de gobernador de Puerto Rico, Yager venía de ser presidente de

---

[163] González Pérez, "Intenciones de la Ley Jones de 1917 y la ciudadanía estadounidense."

[164] "Earthquake of 1918," *Online Puerto Rico Seismicnetwork*, n.d.

[165] Thomas Woodrow Wilson, es el único presidente de los Estados Unidos con un grado doctoral, obtenido en una institución académica. Obtuvo su doctorado en filosofía en ciencias políticas del universidad John Hopkins en 1886 y del 1902 al 1910 fue presidente de la universidad Princeton en New Jersey. Realmente tanto Woodrow Wilson como su amigo Arthur Yager eran dos académicos de primera fila. Fue electo como el vigésimo octavo presidente de Estados Unidos en el 1912 y sirvió como presidente de 1013 hasta 1921.

Georgetown College en *Georgetown, Kentucky*, su estado natal. Yager fue uno de los promotores de la aprobación de la Ley Jones-Shafroth. Es importante anotar que ni él ni su gobierno recibieron mucha estima de una parte del pueblo de Puerto Rico. Una cita que Elvin González Pérez hace de un ejemplar de *El Baluarte*, escrito en el 1918, recoge ese profundo sentimiento de desagrado hacia Yager; la cita expresa lo siguiente:

> Como un aborto de aveno, arrojada por las olas ígneas de la infamia, llegó a nuestras playas este prototipo de la ignominia, encarnación diabólica del despotismo. Por largos años ha sido nuestro gobernador y durante esos años nuestro tirano. Cuan aguda saeta la que hiere nuestro corazón, cuando contemplamos a nuestro pueblo sometido al yugo de una opresión que solo se explica por el egoísmo de los falsos patriotas y que solo se funda en la fuerza inconsciente del poder controlado.[166]

Claramente, la cita anterior refleja la percepción de una parte del pueblo del gobierno y del gobernador Yager, a quien tildan de "tirano" y de "encarnación diabólica". Yager gobernó en Puerto Rico por ocho años, desde 1913 hasta 1921.[167] Fue sucedido en su puesto por el gobernador Emmet Montgomery Reily, mejor conocido en la Isla como "Moncho Reyes" y de nefasta recordación.

Otro elemento que marcaba emocionalmente al pueblo de Puerto Rico, a la llegada de Lugo a la Isla, fue la muerte de Luís Muñoz Rivera, quien luego de una defensa férrea del Acta Jones,[168] regresó enfermo de Washington en el mes de septiembre de 1916 y falleció el 15 de noviembre del mismo año. Las palabras que

---

[166] González Pérez, "Intenciones de la Ley Jones de 1917 y la ciudadanía estadounidense."

[167] Filson Historical, "Yager, Arthur (1858-1941) Papers, 1913-1921," *The Filson Historical Society*, August 21, 2013, http://filsonhistorical.org/research-doc/yagerarthur/.

[168] Arthur Yager, "Folder 48: Munoz-Rivera, Luis (Resident Commissioner of P.R.) Correspondence, 31 December 1913 - 3 May 1916" (Filson Historical Society, 1921 1913).

mejor describen el estado emocional del país en aquel momento son las del Dr. José Celso Barbosa –adversario político de Luís Muñoz Rivera- quien ante la tumba de Luis Muñoz Rivera expresó lo siguiente:

> Mi ilustre adversario Luis Muñoz Rivera ha caído herido por la muerte, y todo el país unido ante esa enorme desgracia, sólo tiene un corazón para sentir muy hondamente tan terrible golpe, y lágrimas que derramar ante el cadáver de tan ilustre patricio...[169]

Sobre la situación que se creó en Puerto Rico con la muerte repentina de Luis Muñoz Rivera, el gobernador Yager, que se encontraba en Washington, D.C., cabildeando para la aprobación de Acta Jones-Shafroth, le señaló al Presidente Wilson: "... como le indiqué en mi carta anterior, los más recientes incidentes en la Isla, debido a la muerte repentina del Comisionado Residente, el Señor Muñoz Rivera, hacen más urgente la aprobación del proyecto puertorriqueño. El remanente del partido antiamericano en la Isla, se han valido de esta ocasión para renovar su agitación a favor de la independencia y tratar de prevenir la aprobación de la nueva medida, a la cual naturalmente están opuestos."[170]

En la situación social, económica y política descrita arriba, Juan L. Lugo llegó Puerto Rico como pionero de pentecostés. Su relato biográfico señala que llegó a la Isla el miércoles 30 de agosto de 1916.[171] El joven Lugo tenía muy claro su misión en la Isla y de inmediato comenzó la tarea de preparar el ambiente para iniciar su proyecto misionero. La llegada de Lugo a San Juan, fue entrada ya la noche. De manera que su única opción fue buscar hospedaje en un hotel de la ciudad. Sin

---

[169] "La elección general de 1914 | Aqui Esta Puerto Rico," accessed September 10, 2015, http://aquiestapr.blogspot.com/2012/11/la-eleccion-general-de-1914.html.

[170] Arthur Yager, "Folder 52: Presidents of the United States. Correspondence, 28 July 1913 – 9 April 1921" (Filson Historical Society, 1921 1913).

[171] Lugo, *Pentecostés en Puerto Rico*, p. 31.

embargo, a la mañana siguiente salió en búsqueda del hogar de la hermana Michael[172] -natural de Isla de San Thomas- de quien el misionero de apellido "Jameson", le había compartido mientras estuvo brevemente en la casa misionera de los esposos Brown en New York. La hermana Michael lo recibió en su casa y lo hospedó durante su estadía de 24 días en Santurce. Sobre esta experiencia Lugo compartió lo siguiente:

> ¡Qué alegría la de esta hermana al enterarse de quién yo era y la misión que me traía a Puerto Rico! Abrió su hogar para m[í] como si fuera yo uno de la familia. Mostrándome una hospitalidad verdaderamente cristiana, me ofreció una habitación en su hogar para el tiempo que estuviera yo en San Juan.[173]

Gestiones con el gobernador interino, honorable Martín Travieso

Luego de pasar la mañana del jueves 31 de agosto de 1916, compartiendo con la hermana Michael su proyecto misionero para Puerto Rico, Lugo salió en la tarde del mismo día, lleno de confianza y entusiasmo, a visitar las autoridades gubernamentales para conseguir la autorización oficial, de modo que pudiera iniciar, sin contratiempos, su tarea evangelizadora en la Isla. Su pensamiento en aquel momento fue: "[N]ada habría de impedir un glorioso avivamiento muy en breve."[174] Es de esta manera que el jueves en la tarde, del 31 de agosto de 1916, Lugo visita a don Martín Travieso, Jr.[175], gobernador interino de Puerto Rico en ese

---

[172] Un dato incidental para destacar es que Juan L. Lugo, cuando salió de Puerto Rico en el 1900, fue acompañado de su tía Micaela y ahora, en el 1916, es recibido en la Isla con afecto y cariño por una hermana en la fe de nombre Michael. ¡Extraordinario por demás!

[173] Lugo, *Pentecostés En Puerto Rico*, 31.

[174] Lugo, *Pentecostés en Puerto Rico*, p. 31.

[175] Don Martín Travieso, fue un abogado y político nacido en Mayagüez el 6 de julio de 1882. Se graduó de abogado de la Universidad de Cornell en 1903. Durante los años 1904 al 1931 fue miembro del Partido Unionista. Durante esos años sirvió como miembro de Gabinete Ejecutivo del gobernador de Puerto Rico - 1908-1914. En el 1914 fue nombrado como el primer puertorriqueño secretario de Puerto Rico –lo que hoy se conoce como secretario de Estado. Sirvió, además,

momento. Lo más probable fue que el gobernador de Puerto Rico, Arthur Yager, se encontraba en una de las visitas de rigor en Washington, D.C., con motivo de la discusión el proyecto Jones en el Congreso estadounidense.

Es interesante destacar, que aunque Lugo no tenía una cita previa con el gobernador interino, Martín Travieso, pudo llegar esa tarde hasta su despacho. Esta situación se puede interpretar de diferentes maneras; el autor –por su parte- prefiere interpretarla como un ingrediente adicional de la multiforme gracia de Dios, que continuaba preparando el camino para la llegada de pentecostés a Puerto Rico. La descripción de lo que ocurrió esa memorable tarde, Lugo la relata de la siguiente manera:

Sin dificultad alguna llegué hasta el mismo primer ejecutivo y le expuse mi intención de predicar el evangelio en las esquinas de las calles, y más tarde, cuando el Señor los proveyera, en salones y templos. Escúchome atentamente el señor Travieso, y aunque me indicó que consideraba que la Iglesia Católica Romana y las varias sectas protestantes ya establecidas en la Isla estaban haciendo una buena labor evangelizadora, me explicó a la vez que podía yo llevar a cabo mis propósitos amparado por la ley. Podía dar servicios al aire libre en cualquier esquina de la Isla, y si deseaba usar las plazas públicas o lugares públicos de reunión, podía solicitar permisos de los gobiernos municipales correspondientes. No había impedimento alguno, para que predicara el evangelio completo como Dios me había ordenado, y

---

como gobernador interino. También fungió como senador por Acumulación de 1917 al 1921. Del 1921 al 1923 sirvió como alcalde de San Juan. En 1936 fue nombrado por el presidente Franklin Delano Roosevelt como juez asociado del Tribunal Supremo de Puerto Rico y luego del 1946 al 1948 sirvió como el cuarto juez presidente del Tribunal Supremo de Puerto Rico. Con este distinguido puertorriqueño que servía como gobernador interino, se entrevistó Juan L. Lugo la tarde del jueves 31 de agosto de 1916 y consiguió la autorización oficial para predicar el evangelio pentecostal en Puerto Rico. Don Martín Travieso murió en enero de 1971.

como todavía no había sido predicado en mi amada islita.[176]

Esta cita de la entrevista del reverendo Lugo con el gobernador interino, Martín Travieso, no se puede tomar livianamente. De una parte, demuestra la capacidad del joven misionero para entender la importancia de contar con la autorización de las autoridades civiles para realizar su tarea evangelizadora. Si no hubiera contado con esta autorización, no le hubiera sido fácil enfrentar – unos años más tarde- la oposición de las autoridades religiosas, tanto las católicas como las protestantes. Claro, el hecho de que el nuevo imperio estaba haciendo todo lo posible por americanizar a los puertorriqueños, también hizo más fácil la recepción de la nueva fe pentecostal, que comenzaba a extenderse por todo el sur estadounidense. [177] De otra parte, el relato de la entrevista, atestigua la fe y confianza inquebrantable que el joven Lugo tenía en su proyecto misionero. Él estaba convencido del crecimiento de la obra misionera pentecostal en Puerto Rico, por eso le adelantó al gobernador interino, Martín Travieso, que más adelante habría "salones" y "templos" donde se predicaría la fe pentecostal. Esa confianza incuestionable en el poder de la Palabra que se predicaría, acompañó todo el proyecto misionero del reverendo Juan L. Lugo durante todo su ministerio.

El mensaje pentecostal comienza en Santurce

El mismo día, jueves 31 de agosto de 1916, por la noche –luego de la entrevista con el gobernador interino Martín Travieso- el joven Lugo comenzó su primer servicio al aire libre. No había tiempo para esperar. Aunque su visión original era para la ciudad de Ponce, Lugo comenzó de inmediato la proclamación del evangelio pentecostal en la calle Figueroa en la parada 18$^{1/2}$, cerca de la residencia de la hermana Michael. Como indicara anteriormente,

---

[176] Juan L. Lugo, *Pentecostés en Puerto Rico*, p. 31.

[177] Las noticias del avivamiento de la calle Azusa en Los Ángeles se difundieron por toda la nación estadounidense y por todas partes el mundo antes de finalizar en año 1906. En las montañas de Carolina del Norte, Tennessee, Georgia, Mississippi y otros estados del sur este estadounidense, el mensaje pentecostal se había desarrollado de forma vertiginosa.

la hermana Michael fue la hermana de San Thomas que el misionero "Jameson" le había recomendado al hermano Lugo que debía visitar. Con ella el misionero había pasado la mañana planificando sus esfuerzos evangelísticos y ya había llegado el momento de comenzar la obra pentecostal en Puerto Rico.

En el sentido estrictamente histórico, el mensaje pentecostal en Puerto Rico, comenzó alrededor de las 7:00 de la noche, en un culto evangelístico en la Calle Figueroa, en la Parada 18¹/² en Santurce, el día 31 de agosto de 1916.[178] A ese inicio de la gran obra pentecostal puertorriqueña asistió sólo una persona. Rememorando este incidente Lugo dijo en el 1951: "Comencé solo y terminé solo. Es decir, no solo, pues mi dulce salvador estuvo conmigo todo el tiempo".[179]

Aquella fue la noche clave para el inicio de la proclamación pentecostal en Puerto Rico. Si el desánimo hubiera terminado con el entusiasmo original del joven misionero, aquella noche hubiera sido su debut y despedida. Desde el punto de vista humano, se conjugaron todas las razones para terminar allí mismo la empresa misionera. Desde el punto de vista de análisis del éxito humano, esa noche fue todo un fracaso. Lugo salió solo a celebrar el culto de apertura del inicio de la evangelización pentecostal en Puerto Rico, la noche del jueves 31 de agosto de 1916. Cantó varios himnos, leyó la Palabra, predicó el mensaje de salvación y concluyó la experiencia solito en la Calle Figueroa en la Parada 18¹/². Con una dosis excepcional de optimismo, que le acompañó durante todo su ministerio, Lugo describió su aparente fracaso de la siguiente manera: "Comencé solo y terminé solo. Es decir, no solo, pues mi dulce Salvador estuvo conmigo todo el tiempo. Si bien el aguijón de la decepción y el desconsuelo querían hacer dura huella en mi alma, el amor de Cristo traía consuelo y me animaba a continuar en la lucha".[180]

Lo cierto fue que la lucha continuó, donde luego del aparente fracaso de la primera noche, el Señor manifestó su poder

---

[178] Lugo, *Pentecostés en Puerto Rico*, p. 33.

[179] Lugo, *Pentecostés en Puerto Rico*, p. 33.

[180] Lugo, *Pentecostés en Puerto Rico*, p. 33.

y gloria. Lugo pasó su primer examen con notas sobresalientes. Él dijo sobre esta experiencia desalentadora lo siguiente: "[L]ejos de desanimarme y hacerme volver atrás, aquella primera acogida tan fría y desalentadora sirvió para alentar mi coraje y como un nuevo incentivo me inspiró a proseguir con redoblados bríos."[181] De inmediato la noche siguiente se apostó en el mismo lugar a predicar con autoridad la palabra de Dios. Las primeras noches tampoco produjeron muchos resultados visibles, pero pasadas varia noches un grupo de cerca de dieciséis santomeños, que acompañaban a la hermana Michael en sus servicios religiosos, se acercaron a los servicios al aire libre para acompañar al aguerrido y valiente joven misionero. Luego del servicio al aire libre, Lugo se iba al lugar de reunión de los hermanos santomeños y les enseñaba sobre la experiencia del poder del Espíritu Santo. Como resultado de estas reuniones en el salón de este grupo, un número de estos hermanos santomeños fueron bautizados con el poder del Espíritu Santo. [182] Interesante, la primera congregación pentecostal puertorriqueña se organizó en Hawái cerca del 1910 y ahora las primeras espigas de una congregación pentecostal puertorriqueña en la Isla está compuesta por hermanos santomeños. ¡Así son las maravillas de nuestro Dios!

Aunque Lugo pensó que su estadía en Santurce sería de "unas horas de adoración", las reuniones al aire libre en la calle Figueroa en la parada 18¹/² continuaron por 24 noches consecutivas. La campaña estuvo organizada en dos partes; la primera, culto evangelístico al aire libre y la segunda, enseñanza sobre "la doctrina del Espíritu Santo" en el salón de reunión de los hermanos santomeños.[183] Ahora los hermanos santomeños, llenos de poder del Espíritu Santo, acompañaban con entusiasmo y denuedo al hermano Lugo en los servicios al aire libre. El premio a la persistencia del joven evangelista fue que en las noches que siguieron a los primeros cultos solitarios, ya se acercaban cerca de varios centenares de personas a escuchar los servicios evangelísticos. De esa forma, se consiguieron los primeros frutos de lo que muy pronto sería una gran cosecha. Así que se puede

---

[181] Lugo, *Pentecostés en Puerto Rico*, p. 34.

[182] Lugo, *Pentecostés en Puerto Rico*, pp. 34–36.

[183] Lugo, *Pentecostés en Puerto Rico*, p. 36.

decir que los primeros frutos del evangelio pentecostal en Puerto Rico, se recogieron en Santurce. Luego de transcurridos varios años de la labor misionera, el reverendo Lugo y sus colaboradores desarrollaron una poderosa iglesia pentecostal en Santurce.

Mientras proseguía la campaña que se extendió por veinticuatro días -predicando el evangelio pentecostal en Santurce, con los resultados que se mencionaron en los párrafos anteriores- el corazón del joven Lugo ardía por llegar a la ciudad de Ponce, el lugar de su llamado misionero. Una y otra vez tuvo que posponer su salida para Ponce ya que el Señor seguía bautizado con su Espíritu Santo a los miembros de la congregación pentecostal que se estaba formando en Santurce. El testimonio del hermano Lugo sobre esta experiencia se resume de la siguiente manera:

> Pero cada vez que pensaba salir, posponía el viaje un día más al ver como Dios nos estaba bendiciendo. No deseaba cortar por la mitad aquella gloriosa campaña. Cinco ya habían recibido el bautismo del Espíritu Santo. Los servicio habían cambiado radicalmente en su carácter. Ahora eran servicios similares a los descritos por el Salmista.[184] Los cánticos eran más alegres y más vivos. Los vecinos se sentían atraídos por lo que allí ocurría. Dios comenzó a hacer sanidades. Los testimonios de los hermanos electrificaban a los que los escuchaban.[185]

Sin lugar a dudas, todo lo que ocurrió en estos 24 días en Santurce fue la llegada del poderoso evangelio pentecostal a Puerto Rico. Salvación por la fe en Jesucristo, sanidad divina, bautismo con el Espíritu Santo y la proclamación de un evangelio que afirmaba la segunda venida de Cristo. Estos fueron los cuatro grandes pilares del pentecostalismo que llegó a Puerto Rico en el 1916.

---

[184] El autor es de opinión que el reverendo Lugo en esta referencia cita al salmista del Salmo 100.

[185] Lugo, *Pentecostés en Puerto Rico*, pp. 36–37.

Salida para Ponce

El sábado 25 de septiembre de 1916, el joven Lugo finalmente dejo a los hermanos de Santurce que continuaran la campaña evangelística que había comenzado con ellos y dio inicio a su viaje para la ciudad de Ponce. El viaje a Ponce fue lento y largo pues tenía que hacer uso del tren como medio de transportación. De hecho, antes de llegar a Ponce hizo planes para visitar a su hermana Juliana Lugo Pacheco, que hacía dieseis años se había quedado en Yauco, cuando él, su madre y hermana Juana Carmen Lugo Caraballo (Carmela) y Micaela, esposo y familia, habían salido para Hawái. La experiencia de encuentro con su hermana, luego de dieciséis años, tuvo que haber sido profundamente emotiva. Fue muy probable que la comunicación entre ellos no fuera lo suficiente frecuente –debido a la dificultad de comunicación en aquello días- pero él debió haber tenido la dirección física de su hermana cuando salió a buscarla. Ya su madre Juana estaba residiendo en San José, California y debió haber tenido alguna comunicación con Juliana. Lugo menciona que al llegar a Yauco su hermana no lo conoció. Recuerda al contar la experiencia lo siguiente: "[C]uando salí de su lado era un muchacho y ahora volvía un hombre completo, ni siquiera me conocieron cuando me presenté en su hogar."[186]

Lugo se quedó con su hermana y familia por cerca de cinco semanas y tuvo la oportunidad de organizar una escuela bíblica y testificarle a su familia de la experiencia de salvación que había tenido en Hawái. Tuvo que haber sido parte de su experiencia, durante estas cinco semanas, compartir con Juliana y su familia, el testimonio de lo que había ocurrido en la vida de su madre Juana. Sobre esta experiencia en la casa de su hermana, Lugo nos dice:

> Al salir de Yauco, dejé tras m[í] una pequeña sementera, pues durante el tiempo que estuve allí organicé una pequeña Escuela Bíblica y en ella hablé muchas veces del poder del Señor. Mi testimonio allí no fue en vano, pues

---

[186] Lugo, *Pentecostés en Puerto Rico*, p. 38.

algunas almas vinieron al Señor y varios se interesaron en seguir buscando de Su gracia.[187]

El poderoso inicio del de la obra pentecostal en el sur de Puerto Rico

Finalmente, el jueves 3 de noviembre de 1916, Juan L. Lugo llega a Ponce, el lugar de la visión que Dios le había dado en California. Tres años habían pasado desde que Lugo tuvo su experiencia de salvación en Hawái y cerca de un año de haber recibido el llamamiento "macedonio" para venir a Ponce como misionero. En este momento se enfrenta por primera vez a la muchedumbre de uno de los sectores más marginados de la ciudad de Ponce: la Mayor Cantera. Dice Lugo lo siguiente sobre el gentío que observó en esa ciudad:

> Me parecía que había abierto una puerta y había entrado a una habitación donde un número de personas sufrían horriblemente torturas por una enfermedad que no podían curar.... Una voz dulce me decía: ".... Anda, entra y diles del poder de Jesús. Cuéntales como tú fuiste sanado y da por gracia lo que por gracia recibiste."[188]

El primer contacto del joven Lugo a su llegada a Ponce fue uno de sus familiares que había conocido durante la visita a su hermana en Yauco. En la casa de este familiar se hospedó cuando llegó a Ponce, pero muy pronto buscó a la hermana Lucena que había llegado recientemente de California, donde todavía se encontraba su esposo. Con ellos había tenido una linda relación en California, durante su trabajo evangelístico en las ciudades de la Bahía de San Francisco. Para su sorpresa su compañero de labores evangelísticas en San Francisco, Salomón Feliciano había llegado el día antes al sector Mayor Cantera de Ponce y se encontraba hospedado en la casa de su cuñada en la calle Acueducto del sector Mayor Cantera, justo al lado de la residencia donde vivía la hermana Lucena. De esta manera, se siguen uniendo cabos sueltos

---

[187] Lugo, *Pentecostés en Puerto Rico*, p. 39.

[188] Lugo, *Pentecostés en Puerto Rico*, p. 40.

en el proyecto misionero de la gracia multiforme de Dios, para despertar un poderoso avivamiento en la Ciudad Señorial de Ponce. Lugo sale de la casa de la hermana Lucena, para reunirse con Salomón Feliciano y ambos acuerdan comenzar los servicios evangelísticos en Ponce esa misma noche. Así es como el jueves 3 de noviembre de 1916, comienza la predicación del evangelio pentecostal en la esquina de la calle Intendente Ramírez con la Acueducto en el sector Mayor Cantera de Ponce. Exactamente a las siete de la noche tres visionarios creyentes –Juan L. Lugo y los esposos Dionisia y Salomón Feliciano- encienden la llama de pentecostés en Ponce y esta antorcha seguirá corriendo y ardiendo por toda la Isla, el Caribe y el este de Estados Unidos, sin que obstáculo alguno pudiera apagarla. La mejor manera de encapsular esa imagen viva y victoriosa de la proclamación pentecostal será en una línea de uno de los coros del culto de los primeros pentecostales de la Isla: *El fuego está encendido; ¿y quién lo apagará?* El recuerdo del hermano Lugo de esa noche, años más tarde, estaba muy claro. Lo relató de la siguiente manera:

> Nos proponíamos a hacer algo que no se hacía en Puerto Rico: predicar al aire libre el mensaje de redención. No teníamos la menor idea de cómo habría de ser acogido nuestro esfuerzo, pero ello no nos preocupaba. Sabíamos que estábamos haciendo la voluntad de Señor y eso bastaba para animarnos a confiar en un triunfo seguro. Jehová no conoce la derrota y los que Él llama, a la victoria los llama. [189]

El éxito de esa recordada noche del viernes 3 de noviembre de 1916, fue inmensamente impresionante. Lugo dice que "más de cuatrocientas personas se habían acercado llenos de curiosidad a ver qué era lo que hacíamos."[190] Realmente el Señor que llamó al joven Lugo, una tarde en California, esa noche colocaba el sello de aprobación sobre el ministerio de este intrépido y aguerrido joven misionero. Su perseverancia ante la adversidad daba frutos a manos llenas. Primero en Santurce y

---

[189] Lugo, *Pentecostés en Puerto Rico*, p. 42.

[190] Lugo, *Pentecostés en Puerto Rico*, p. 42.

ahora en Ponce. Lo interesante de este culto fue que no terminó a las nueve de la noche, como algunos hubieran esperado. El culto se extendió hasta tarde en la noche. Como era costumbre en la metodología evangelística del hermano Lugo, cuando estaba por terminar el servicio al aire libre, él solía preguntar si había algún hogar disponible donde continuar de forma más personal la reunión. Era su manera de acercarse a aquellas personas que habían mostrado interés en la reunión. Esa segunda parte de la reunión era usada para enseñar sobre la santidad de la vida cristiana y el bautismo con el Espíritu Santo. Esa noche un hombre de nombre José (Pepe) Escamaroní hizo la invitación para que la reunión se continuara en su casa. La madrugada del sábado 4 de noviembre de 1916, como a las 2 de la madruga se hizo un llamado al altar y once personas aceptaron a Jesucristo como Señor y Salvador, entre estos, Pepe Escamaroní.[191]

Sencillamente, así fue

Es de esta manera como llegó pentecostés a Puerto Rico; con el ministerio audaz y persistente de este joven misionero, que años más tarde conoceríamos como el reverendo Juan L. Lugo. La tarea de este primer volumen era marcar la ruta de cómo llegó el evangelio pentecostal a Puerto Rico. Como hemos podido observar en la trayectoria de este trabajo, una serie de eslabones se entrelazaron para hacer posible la llegada de pentecostés a la *Isla del Cordero*. Por un lado, la situación económica de desesperanza de principio del siglo veinte de los residentes de la Isla, los efectos del huracán San Ciriaco del 1899 y la política migratoria de los gobiernos de Estados Unidos y Puerto Rico, propiciaron la emigración de cerca de 5,605 puertorriqueños y puertorriqueñas al archipiélago de Hawái en busca de *la vida mejor*. Entre estos salió de la Isla doña Juana María Caraballo Feliciano, Juana Carmela Lugo Caraballo, Juan Dionicio Lugo Caraballo (Juan L. Lugo) y Micaela Caraballo Feliciano, esposo y familia. Por otro lado, los misioneros del avivamiento de la calle Azusa que iban rumbo a Japón y China a compartir el evangelio pentecostal, en su parada en Hawái, compartieron el evangelio pentecostal con la iglesia puertorriqueña que se reunía en las

---

[191] Lugo, *Pentecostés en Puerto Rico*, pp. 42–43.

instalaciones de la Estación Experimental de la Asociación Hawáiana de Plantadores de Azúcar (HSPA, por sus siglas en inglés), ubicada en el valle de Makiki en Honolulu. En esa congregación pentecostal puertorriqueña en Hawái, se convirtieron la hermana Juana y el joven Lugo y fueron bautizados con el Espíritu Santo. En los eventos sucesivos, Dios llamó en una visión a Juan L. Lugo -mientras el Espíritu lo había llevado a un periodo de preparación en la Bahía de San Francisco- a venir como misionero a Ponce, Puerto Rico. Finalmente, la Iglesia Betel - del Concilio General de las Asambleas de Dios- envió a Juan L. Lugo como misionero a Puerto Rico en año 1916. En todos estos eventos, he visto la manifestación de la multiforme gracia de Dios obrar, como elemento aglutinador, para hacer posible la llegada del evangelio pentecostal a Puerto Rico. La llegada de este mensaje a la Isla sacudió el alma y espíritu del pueblo puertorriqueño. Comunidades enteras que no tenían esperanza en su entorno inmediato, de repente, surgieron como testimonios sacramentales de lo que significaba la *nueva vida en Cristo*. Desde los cañaverales en las llanuras costeras, hasta los cafetales *en las montañas de Borinquen Bella*, el puertorriqueño comenzó a encontrarle un nuevo sabor a su fe evangélica. Esa es una historia que quiero revisitar con mi pueblo. Sin embargo, no puedo continuar con ese tema en este momento. Ese será harina de otro costal. En el próximo volumen, dedicaré mi trabajo al desarrollo de la obra pentecostal en Puerto Rico desde el 1916 hasta el 2016. Espero que hayan disfrutado la lectura del presente volumen y los espero para una nueva jornada en el próximo volumen. Me despido con una palabra que aprendí durante mi visita a Hawái: ¡ALOHA!

Posdata

Pagad a todos lo que debéis: al que tributo, tributo;
al que impuesto, impuesto; al que respeto, respeto; al que honra,
honra.
Romanos 13:7

Un pensamiento adicional

Una de las visitas turísticas que hice en Hawái -3 de julio de 2015-
mientras me encontraba en mi trabajo de investigación, fue
recorrer con Carmen el monumento conmemorativo a los caídos
en el ataque Japonés a Pearl Harbor, el domingo, 7 de diciembre
de 1941. El recorrido incluía ver un video de unos 23 minutos
sobre lo que ocurrió ese día y una visita al lugar donde se hundió
el acorazado USS Arizona. En el teatro donde se exhibió el video
habíamos sentados ciento cincuenta personas. Setenta y cuatro
años después del evento, aquel teatro se convirtió en un santuario
para recordar las vidas de los que allí murieron. Había un sentido
de reverencia tan profundo y sobrecogedor, que si hubiera caído
un alfiler al piso se hubiera oído el ruido. En el teatro se sentía
una sensación de respeto, honra y tributo a los que allí ofrendaron

sus vidas. El relato fue tan vívido e impactante que me tomó algún tiempo para ganar compostura para seguir el recorrido turístico. No tomen estos comentarios fuera de contexto. No patrocino la guerra de ninguna manera. No creo que haya guerras justas. Todas las guerras están enraizadas en el deseo de conquista y dominio de unos pueblos sobre otros. Los objetivos siempre son mezquinos y egoístas. Las guerras destruyen más de lo que construyen y, lamentablemente, los más indefensos siempre llevan la peor parte. Aclarado el asunto, les indico por qué les cuento el incidente de mi visita turística a Pearl Harbor. Cuando salí del teatro, le comenté a Carmen: "Que manera tan emotiva y vívida de recordar la historia y honrar a los que se piensa que ofrendaron sus vidas para proteger su nación. ¡Cómo me gustaría que el pueblo pentecostal puertorriqueño hiciera lo mismo con la figura de Juan L. Lugo!"

Después de investigar -con bastante profundidad- los eventos que rodearon la llegada de pentecostés a Puerto Rico, pienso que -como pueblo pentecostal- no hemos aquilatado, en su justa perspectiva, el enorme sacrificio del reverendo Juan L. Lugo y su familia para hacer posible la llegada de pentecostés a la Isla, desde el archipiélago de Hawái en Océano Pacífico. Mi investigación sobre: *La ruta de pentecostés a Puerto Rico*, me ha hecho ampliar mi cariño, respeto y admiración por la persona a quien consideramos el pionero de pentecostés en la patria borincana. Mi espíritu se ha sobrecogido dentro de mí y la figura de Juan L. Lugo se ha erguido como un memorial al sacrificio, dedicación y compromiso por su tierra que lo vio nacer. Frente a la figura de este héroe de la fe -semejante a los que describe al autor a la Epístola a los Hebreos- guardo silencio reverente y doy gracias a Dios por su vida. Su recuerdo lo uno al de la nube de testigos del capítulo 11 de Hebreos y digo con el autor bíblico:

En la fe murieron todos estos sin haber recibido lo prometido, sino mirándolo de lejos, creyéndolo y saludándolo, y confesando que eran extranjeros y peregrinos sobre la tierra. Los que esto dicen, claramente dan a entender que buscan una patria, pues si hubieran estado pensando en aquella de donde salieron, ciertamente tenían tiempo de volver. Pero anhelaban una mejor, esto es, celestial; por lo cual Dios no se avergüenza de llamarse Dios de ellos, porque les ha preparado una ciudad (Hebreos 11:13-16).

La fe bíblica es clara al afirmar la bendición de ser agradecidos. El evangelista Lucas relata esta historia que deberíamos tener en mente siempre:

> Yendo Jesús a Jerusalén, pasaba entre Samaria y Galilea. Al entrar en una aldea, le salieron al encuentro diez hombres leprosos, los cuales se pararon de lejos y alzaron la voz, diciendo: ¡Jesús, Maestro, ten misericordia de nosotros! Cuando él los vio, les dijo: Id, mostraos a los sacerdotes. Y aconteció que, mientras iban, quedaron limpios. Entonces uno de ellos, viendo que había sido sanado, volvió glorificando a Dios a gran voz, y se postró rostro en tierra a sus pies dándole gracias. Éste era samaritano. Jesús le preguntó: ¿No son diez los que han quedado limpios? Y los nueve, ¿dónde están? ¿No hubo quien volviera y diera gloria a Dios sino este extranjero? (Lucas 17:11-18).

Ciertamente, para Jesús el ser agradecido, no era una mera opción, sino un estilo de vida en el reino de Dios. Como miembros del nuevo pueblo de Dios, debemos ser agradecidos con el trabajo de los que nos han precedido en el Señor. Nuestra obra está edificada sobre el hambre, la necesidad, desnudez, fatiga, luchas, sinsabores, los fracasos y victorias de los que nos han entregado el batón de este precioso evangelio de amor.

No recuerdo haber conversado con el reverendo Juan L. Lugo. Sí recuerdo haberlo oído predicar en la capilla del Instituto Bíblico Interamericano, hoy Universidad Teológica del Caribe. Su figura me parecía imponente y dominante. Conocí más del hermano Lugo por medio de algunos miembros de su familia y discípulos. Las familias Collazo-Lugo y Alicea-Lugo fueron mi puerta de acceso al hermano Lugo. El reverendo Antonio Collazo y su esposa, la hermana Pérsida Lugo, hija mayor de los esposos Lugo-Ortiz fueron mis primeros supervisores en la Iglesia de Dios *Mission Board* en Puerto Rico. De otra parte, mantuve una linda amistad con el reverendo Luis Alicea y su esposa, Elizabeth Lugo, otra hija del hermano Lugo. Recientemente conocí a la menor de las hijas de los esposos Lugo-Ortiz, Hulda Lugo. Es decir, que todavía, agosto de 2015, la hija mayor y la menor del reverendo Lugo le sobreviven.

Además, por medio del reverendo Manuel Pérez Sánchez y el Dr. Héctor Camacho Hernández -dos de los discípulos más jóvenes del reverendo Lugo para el 1961- también tuve un atisbo de la impresionante figura del pionero de pentecostés en Puerto Rico. ¡Son recuerdos que el paso del tiempo no ha podido borrar! Lo que sí quiero dejar claro para la historia en este trabajo, es que la vida del profeta de pentecostés en Puerto Rico, merece una nueva lectura histórica. Me parece que el movimiento pentecostal puertorriqueño debe hacer un acto de contrición y reconocimiento incondicional a la vida de un hombre que ofrendó lo mejor de sus capacidades -vigor, compromiso, vida y familia- para que la visión que Dios le dio de traer el mensaje pentecostal a la Isla, se hiciera realidad aun en la situación de privación social y económica prevalecientes entonces. Esta es un deuda de gratitud, que a mi juicio, todavía como pentecostales no hemos cancelado con el reverendo Juan L. Lugo y su familia. Esta es la razón para escribir esta posdata a esta obra literaria.

Creo, firmemente, que la llegada del centenario de pentecostés a Puerto Rico -2016- le ofrece al pueblo pentecostal puertorriqueño una oportunidad de oro para honrar, celebrar, reverenciar y afirmar la vida del pionero de pentecostés en Puerto Rico. ¡Cómo me gustaría sentarme en un servicio de profundo agradecimiento al reverendo Juan L. Lugo y sentir emociones similares, y aún más profundas, que las que sentí en mi visita al monumento a los caídos en Pearl Harbor!

Como un anticipo de ese esperado momento, les he ofrecido esta obra llena de emoción, lágrimas y respeto por la vida de un hombre que, con sus luces y sombras, marcó el derrotero de lo que es hoy pentecostés en Puerto Rico, el Caribe y el este de Estados Unidos.

¡Qué el Dios de paz nos ayude a reconocer a los que nos precedieron y ofrendaron sus vidas por este glorioso evangelio de amor!

Con cariño y esperanza,

Wilfredo Estrada Adorno
Honolulu, Hawái
4 de julio de 2015

Anejos

Anejo A: Certificado de Matrimonio de José Rosario Lugo Castañón
con Juana María Caraballo Feliciano

DIÓCESIS DE PONCE
Parroquia Nuestra Señora del Rosario
Padres Dominicos
Comercio #11 · P.O. Box 46 · Yauco P.R. 00698-0046
Tel. 787-856-1222

Certificado de Matrimonio
Marriage Certificate

JOSÉ ROSARIO LUGO CASTAÑÓN

hijo de don Manuel Lugo y doña Felipa Castañon
son of Mr. *and Mrs.*

SE UNIÓ EN SANTO MATRIMONIO CON
JOINED IN BLESSED MARRIAGE WITH

JUANA MARÍA CARABALLO FELICIANO

hija de don Juan Caraballo y doña María Victoriana Feliciano
daughter of Mr. *and Mrs.*
el día 29 de Diciembre de 1872 según el rito de la Iglesia Católica
on *according to the Catholic Church*
y conforme a las Leyes de Puerto Rico,
and in keeping with the Puerto Rico Laws,
ante la presencia del Infrascrito Cura Párroco
at the presence of the
y siendo sus testigos
being their witness
don José Reyes Izquierdo y doña (don)Juan Caraballo.
Mr. *and Mrs.*
Así consta en nuestro Registro de Matrimonios en el
Thus is written in our Marriages Register in the
Libro **8**, Folio **285v 865**, Número Marginal .
Book . Page . Marginal Number

Nota marginal:
Marginal note

Doy fe, en Yauco, Puerto Rico, hoy, Jueves, 7 de Mayo de 2015.
Attested, in *today.*

Fr. _____ O.P.
_____

Sello Oficial   Párroco
Oficial Seal   *Parish Priest*

151

Anejo B: Certificado de Bautismo de Juan Dionicio Lugo Caraballo

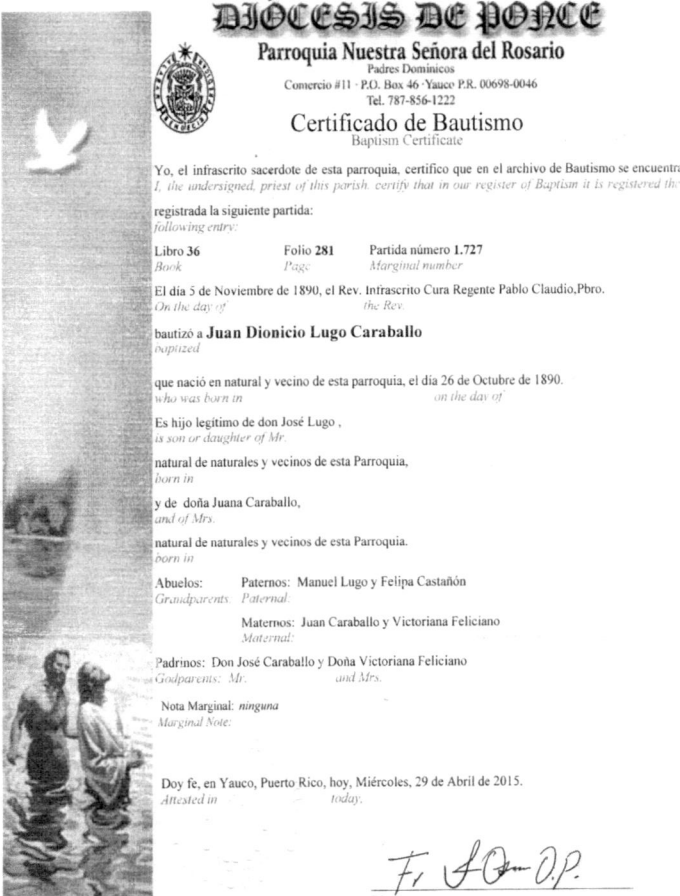

DIÓCESIS DE PONCE

Parroquia Nuestra Señora del Rosario
Padres Dominicos
Comercio #11 · P.O. Box 46 ·Yauco P.R. 00698-0046
Tel. 787-856-1222

Certificado de Bautismo
Baptism Certificate

Yo, el infrascrito sacerdote de esta parroquia, certifico que en el archivo de Bautismo se encuentra
I, the undersigned, priest of this parish, certify that in our register of Baptism it is registered the

registrada la siguiente partida:
following entry:

| Libro **36** | Folio **281** | Partida número **1.727** |
| *Book* | *Page* | *Marginal number* |

El día 5 de Noviembre de 1890, el Rev. Infrascrito Cura Regente Pablo Claudio,Pbro.
On the day of   *the Rev.*

bautizó a **Juan Dionicio Lugo Caraballo**
baptized

que nació en natural y vecino de esta parroquia, el día 26 de Octubre de 1890.
who was born in   *on the day of*

Es hijo legitimo de don José Lugo ,
is son or daughter of Mr.

natural de naturales y vecinos de esta Parroquia,
born in

y de doña Juana Caraballo,
and of Mrs.

natural de naturales y vecinos de esta Parroquia.
born in

Abuelos: Paternos: Manuel Lugo y Felipa Castañón
Grandparents   *Paternal:*

          Maternos: Juan Caraballo y Victoriana Feliciano
          Maternal:

Padrinos: Don José Caraballo y Doña Victoriana Feliciano
Godparents: Mr.   *and Mrs.*

Nota Marginal: *ninguna*
Marginal Note:

Doy fe, en Yauco, Puerto Rico, hoy, Miércoles, 29 de Abril de 2015.
Attested in   *today.*

Sello Oficial   Párroco
Oficial Seal   *Parish Priest*

Anejo C: Certificado de Bautismo de Juana Carmen Lugo Caraballo

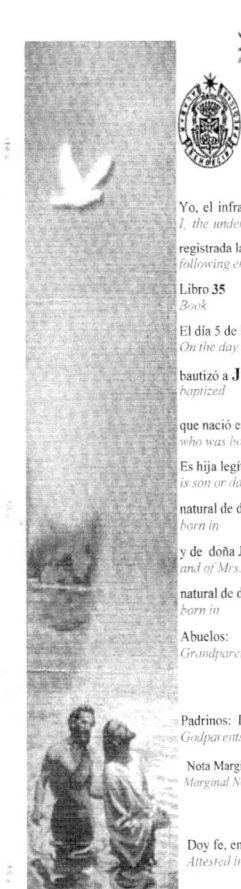

𝔇𝔦𝔬́𝔠𝔢𝔰𝔦𝔰 𝔇𝔢 𝔭𝔬𝔫𝔠𝔢

Parroquia Nuestra Señora del Rosario
Padres Dominicos
Comercio #11 · P.O. Box 46 · Yauco P.R. 00698-0046
Tel. 787-856-1222

Certificado de Bautismo
Baptism Certificate

Yo, el infrascrito sacerdote de esta parroquia, certifico que en el archivo de Bautismo se encuentra
I, the undersigned, priest of this parish, certify that in our register of Baptism it is registered the

registrada la siguiente partida:
following entry:

Libro 35	Folio 263v	Partida número 1436
Book	*Page*	*Marginal number*

El día 5 de Enero de 1889, el Rev. P. Juan Meir, Coajuctor
On the day of *the Rev.*

bautizó a **Juana Carmen Lugo Caraballo**
baptized

que nació en No consta, el día 20 de Diciembre de 1888,
who was born in *on the day of*

Es hija legítima de don José Lugo,
is son or daughter of Mr.

natural de de este vecindario,
born in

y de doña Juana Caraballo,
and of Mrs.

natural de de este vecindario.
born in

Abuelos: Paternos: Manuel Lugo y Felipa Castañón
Grandparents: Paternal:

Maternos: Juan Caraballo y Victoriana Feliciano
Maternal:

Padrinos: Don José Carlos Albarrán y Doña María Lorenza Torres
Godparents: Mr. *and Mrs.*

Nota Marginal: *Casada con Basilio Valerio de la Cruz hijo de Tomás Valerio y Epifanía de la Cruz*
Marginal Note:

Doy fe, en Yauco, Puerto Rico, hoy, Jueves, 7 de Mayo de 2015.
Attested in *today.*

Sello Oficial   Párroco
Oficial Seal   *Parish Priest*

Anejo D: Fe de Bautismo de Juliana Lugo Pacheco

DIÓCESIS DE PONCE

Parroquia Nuestra Señora del Rosario
Padres Dominicos
Comercio #11 · P.O. Box 46 Yauco P.R. 00698-0046
Tel. 787-856-1222

Certificado de Bautismo
Baptism Certificate

Yo, el infrascrito sacerdote de esta parroquia, certifico que en el archivo de Bautismo se encuen
I, the undersigned, priest of this parish, certify that in our register of Baptism it is registered

registrada la siguiente partida:
following entry:

Libro **24**   Folio **269**   Partida número **1231**
Book   *Page*   *Marginal number*

El dia 16 de Febrero de 1872, el Rev. Infrascrito Cura Párroco
On the day of   the Rev.

bautizó a **Juliana Lugo Pacheco**
baptized

que nació en No consta, el dia 15 de Febrero de 1872
who was born in   on the day of

Es hija legítima de don José Rosario Lugo,
Is son or daughter of Mr.

natural de No consta,
born in

y de doña Maria Luciana Pacheco,
and of Mrs.

natural de No consta.
born in

Abuelos: Paternos: Manuel Lugo y Felipa Castañón
Grandparents   Paternal:

                Maternos: Manuel Pacheco y Maria Rosario Quiñones
                Maternal:

Padrinos: Don Manuel Pacheco y Doña No consta
Godparents Mr.   and Mrs.

Nota Marginal: *Ninguna*
Marginal Note:

Doy fe, ea Yauco, Puerto Rico, hoy, Miércoles, 13 de Mayo de 2015.
Attested in   today

Sello Oficial   Párroco
Official Seal   *Parish Priest*

Anejo E: Certificado de Ordenación de Juan L. Lugo

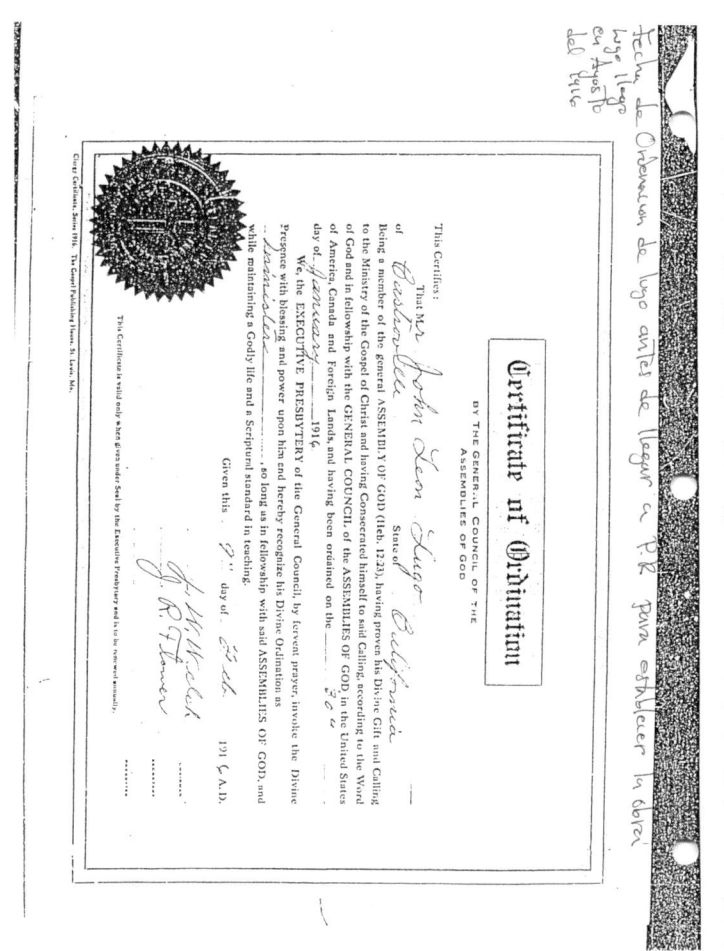

Anejo F: Solicitud para la Ordenación Juan L. Lugo

12. Who recommends you now? (IMPORTANT: Must be signed in this space by Chairman of District Council, or by a General Presbyter. In districts where there is no Council or Resident General Presbyter, must be signed by two representative preachers of the Pentecostal Movement.)

Frederick D. Ortiz, jr.
Supt. of the Porto Rico Mission
of the General Council of the
Assemblies of God.

13. The exact date of your ordination? *Nov. 1st, 1916*

14. To what office in the Ministry are you ordained? *Elder*

15. What is your present Ministry:

Pastor?............Where? ....

Evangelist? *yes*, What State? *Porto Rico*

Missionary?.........What Field?.............................

16. Do you trust God for your support? *yes*

17. What is your attitude toward the General Council, its purposes and work?

To work together with the General Council

18. Can you accept and endorse the statement of fundamental truths enclosed with this application blank as the basis of a united ministry (that we all speak the same thing. 1 Cor. 1:10; Acts 2:42)? *yes*

....

....

....

....

....

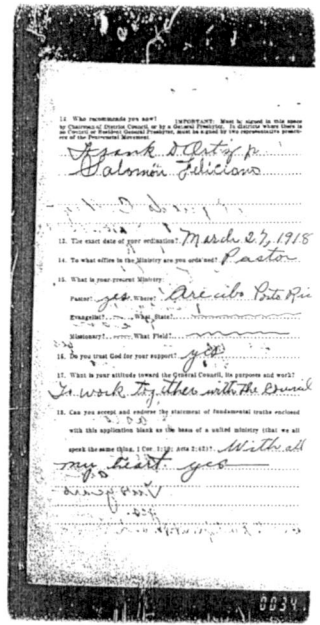

Anejo G: Correspondencia del gobernador Arthur Yager con el Presidente de Estados Unidos, Woodrow Wilson y con el Comisionado Residente de Puerto Rico en Washington, Luís Muñoz Rivera[192]

---

[192] La correspondencia incluida en esta sección de los anejos es una cortesía de Filson Historic Society y el autor recibió la autorización del director de la colección para incluirla en este anejo.

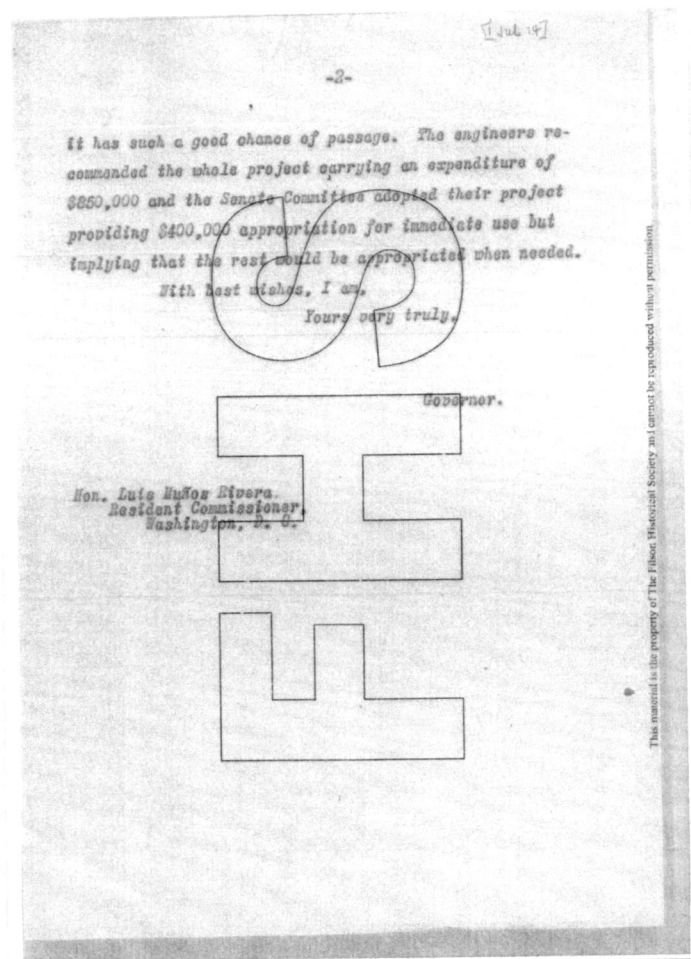

-2-

it has such a good chance of passage. The engineers recommended the whole project carrying an expenditure of
$850,000 and the Senate Committee adopted their project
providing $400,000 appropriation for immediate use but
implying that the rest would be appropriated when needed.

With best wishes, I am,

Yours very truly,

Governor.

Hon. Luis Muñoz Rivera.
    Resident Commissioner
    Washington, D. C.

LUIS MUÑOZ RIVERA
RESIDENT COMMISSIONER
FROM PORTO RICO

House of Representatives U. S.

Washington, D. C.

Dec. 24, 1914

Hon. Arthur Yager,
Governor,
Steamer Coamo,
Brooklyn, N. Y.

My dear Governor:

I received your letter of the 23rd and
was exceedingly sorry that I had misunderstood your
kind invitation. It would have given me great pleas-
ure to have had this congenial occasion to talk over
affairs in which we are mutually interested.

It seems to me that your judgement is
correct in reference to the bill coming up in January and getting through the House, but, like you,
I think that is as far as it will get during this
Session. I am sorry that the provisions of the Bill
are such that I must oppose it in a number of fundamental points. But the platform of my party and
my own convictions are such that I must insist on
amendments for citizenship, a qualified veto, a fixed
time for the meeting of the annual session of the
Senate, and an elective representation on the Public
Service Commission.

-2-

If the Bill, however, does not succeed in passing the Senate at this Session, then its passage through the House will be of very little use, as with a new Congress the Bill would have to be reintroduced and passed again. I most sincerely hope that we may be able to really accomplish something for our people in the near future.

Again regretting my failure to see you and wishing you a pleasant trip and all the joys of the holiday season, I am,

Cordially yours,

Arthur Yager papers   A/Y'3/48

June 10, 1914.

Dear Sir:

I have refrained from writing to you about our matters in Congress because I know you have a tremendous volume of correspondence with others here which taxes your resources to the utmost.

I am writing now to say that I have direct information from Washington that our new organic act for Porto Rico still has a chance of passage at this session. It would be so much more convenient for us to have it passed at this session because of the date of our elections and other reasons; but I think that all of us who are interested in Porto Rico should exert ourselves to the utmost to have it passed now. I believe that if you would ask Mr. Jones to call up the bill called the "Jones Bill", as it now stands on the House calendar for consideration by the House, that the House would pass it. Senator Shafroth writes me that if it passes the House he can have it reported out by his Committee to the Senate with some modifications perhaps as to details. I am myself confident that if we could get it before the Senate I could persuade the President to aid us in putting it through that body. As to the details over which there is controversy, I am personally convinced that they are of comparatively little importance. The bill as a whole is far more liberal for

[10 June 14]

-2-

Porto Rico than any bill ever yet proposed, and if we
could get it passed in substantially its present form we
could trust to the future to secure amendments as to minor
details that might prove to be incorrect or inadvisable.
It seems to me that the sensible thing for us all to do
is to get as good a bill as we can now, and I think we have
a chance to do it. I would be glad if you would write me
your views about it at your earliest convenience.

The harbor project, which is of the utmost importance for San Juan, as you perhaps know, is in a good
position before the Senate and I am hopeful of its ultimate
passage. To my surprise some busy-bodies here have gotten
up some opposition to that, but of course that seems in-
evitable for anything of any sort that may ever be proposed in Congress for Porto Rico.

With best wishes for you, I am,

Sincerely yours,

Governor.

Hon. Luis Muñoz Rivera,
    Resident Commissioner,
        Washington, D. C.

3577-129   M-

WAR DEPARTMENT,
BUREAU OF INSULAR AFFAIRS,
WASHINGTON.

February 18, 1914.

The bill which is submitted

"To Provide a civil government for Puerto Rico,
and for other purposes"

follows generally in its arrangement the form of the existing
law, and the bill recommended by Mr. Dickinson as Secretary of
War in 1910, and the bill that passed the House of Representatives in 1910, and the bill introduced by Mr. Jones, the Chairman of the Committee on Insular Affairs, in 1912.

The bill as now submitted was based on a draft of bill heretofore submitted to the Secretary of War and, since that time, has
been criticised by the Governor of Porto Rico, the Secretary of
Porto Rico, the Attorney General of Porto Rico and his principal
assistant, the Resident Commissioner from Porto Rico, and suggestions received from other sources in the Bureau of Insular Affairs have been embodied in the bill.

While it has not been possible to adopt all of what were in
many cases conflicting suggestions, advantage has been taken of all
suggestions received.   The bill as now submitted meets the approval
of the Governor of Porto Rico and, in a general way, it has been ap-
proved by the Secretary of War.

It restores the historical spelling of "Puerto Rico". This
agrees with the recommendation of the Board on Geographic Names
when the matter was submitted to it. The change of spelling was the

-2-

result of the form used in the organic act which it is now proposed to replace and has never, as a matter of fact, had full effect in Porto Rico where the former spelling is quite generally used.

There is embodied in the bill (Section 2) a bill of rights. This has been criticised as to certain details and is considered unnecessary by many who have examined the bill, but it was included in the bill which formerly passed the House of Representatives and in the bill introduced by Mr. Jones,

The bill continues in effect all laws and ordinances now in force and effect in Porto Rico until repealed, and in doing this the wording used is identical with the wording used in the present organic act to continue laws in force prior to its passage and to provide for their repeal when desired thereafter.

In these respects the bill does not differ from any of those to which reference has been made.

The important changes in the bill can be classed as follows:

First. Citizenship. As recommended in the report of the Secretary of War for 1913, citizenship is "granted on the individual application of the Porto Rican citizen under conditions which make this application as simple as possible without expense to the applicant." This method, as distinguished from extending American citizenship collectively to all Porto Ricans, meets the approval of the Resident Commissioner from Porto Rico. It conforms to the recommendation formerly made by Secretary Dickinson and avoids the legal complication which it was feared, when the existing organic act was passed, would result from making inhabitants of Porto Rico collectively citizens of the United States; that is, of extending to

-3-

Porto Rico that provision of the constitution with respect to uniform taxation. It was at that time believed that the government created in Porto Rico should receive for its support the internal revenue and customs collected in the Island. This condition is quite as necessary to the support of the government now as it was then. In favor, therefore, of this method of conferring citizenship, there is,

1st; it meets the approval of the representative of the most numerous political party in Porto Rico,

2nd, it avoids a question which might arise, if citizenship were otherwise conferred, of taking from Porto Rico certain sources of income essential to the support of its government,

3rd, it grants American citizenship freely but does not forbe its acceptance.

Second. Administrative affairs of Porto Rico in the United States. It places the jurisdiction of Porto Rican matters in the United States under the War Department. This ratifies administrative practice under existing law.

Third. Executive. The chief executive officers consist of the Governor and the Executive Council, composed of

1. Treasurer,
2. Commissioner of the Interior,
3. Commissioner of Education,
4. Commissioner of Agriculture and Labor,
5. Commissioner of Health,
6. Attorney General.

Two of these members of the Executive Council are appointed by the President.

It is specifically provided that these executive officers, taken together, shall constitute the Executive Council and shall be

-4-

an advisory board to the Governor.

In addition to the heads of the departments, there is provided an Auditor appointed by the President of the United States, to which official there is given extensive powers, and an Executive Secretary, appointed by the Governor.

Fourth. Judiciary. The judiciary consists of the courts now established by law. The United States District Court is made to conform as nearly as practicable with the district courts in the United States. The lower judicial officers not appointed by the President are appointed by the Governor of Porto Rico.

All that relates to the judiciary is practically identical with the Jones bill.

Fifth. Legislative. The legislature is composed of two houses. The senate consists of nineteen members, two elected from each of seven senatorial districts, five elected at large, and, in addition, of the members of the Executive Council who are not members by election of the House of representatives.

The house of representatives consists of thirty-nine members, thirty-five of whom are elected, one each from the thirty-five representative districts, and four at large.

The Governor of Porto Rico is given the power of absolute veto and this power extends to separate items in appropriation bills.

Sixth. Public utilities. There is created a public service commission consisting of the Executive Council and the Auditor. To this body are given the powers given to a body of similar composition in the bill which passed the House of Representatives in 1910.

-5-

<u>Seventh</u>. Customs collections. One of the principal sources of revenue of the government of Porto Rico is the collection of customs. Without amending the laws or regulations applicable, the customs service in Porto Rico is placed under the Governor.

For economy in administration, the immigration service is also placed under the Governor.

<u>Eighth</u>. Salaries. The bill increases the salaries of the Governor, of the heads of executive departments, the Auditor, and the judicial officers, *approved by the President*

<u>Ninth</u>. Appointments. Under the bill the President appoints the Governor and designates a Vice-Governor, / *appoints* two heads of executive departments, the judges of the Supreme Court, and the Auditor.

All other appointive officers are appointed by the ~~President~~, by and with the advice and consent of the senate of Porto Rico.

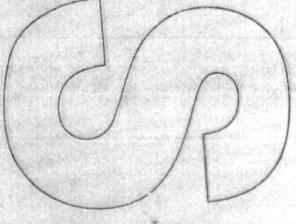

Arthur Yager papers   A/Y13/57

WAR DEPARTMENT,
WASHINGTON.   Re-

February 19, 1914.

My dear Mr. President:-

I beg to acknowledge your note in which you say that
you believe the Porto Rican bill should receive consideration
at this session. In compliance with my letter to you, I
now inclose a copy of the bill as well as a memorandum explaining
its principal features.

In my annual report I said,

"This bill makes this recommendation effective."

The bill has been gone over carefully in this Department and by
the Governor of Porto Rico as well as several of the heads of the
Executive Departments in Porto Rico. It has also been gone
over by Mr. Munoz Rivera, the Resident Commissioner from Porto
Rico. In my opinion it contains the best thought of these
and available sources of information.

The importance of this measure to Porto Rico may be such that
you would desire to submit this measure, or the recommendation
for the passage of such a measure at this time, in a special message to Congress. If this, however, should not be your view
of the matter, I would suggest that I could by letter submit it
to the chairmen of the committees having in charge of Porto
Rican matters in the Senate and the House, with such data with
reference thereto, and with your permission, with a statement
that the bill in a general way conforms to your views and meets

- 2 -

your approval and that you feel that the bill should be passed at this session of Congress.

Very sincerely,

Secretary of War.

The President.

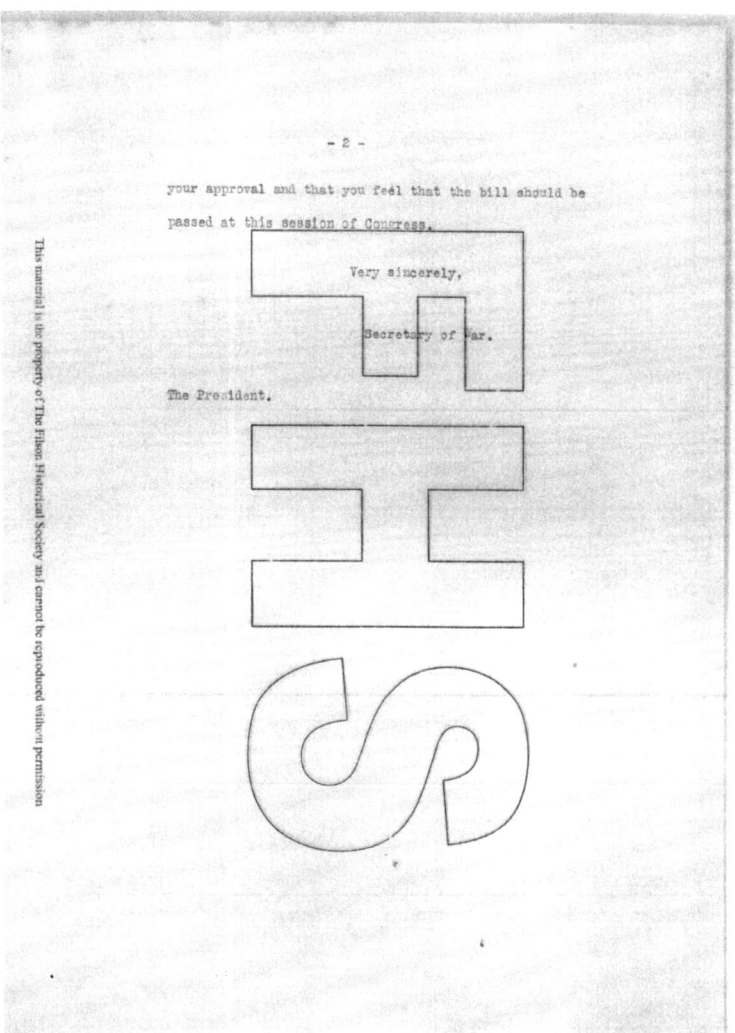

May 3, 1916.

My dear Mr. Muñoz:

At the request of the officers of the Porto
Rico Regiment I am writing you with reference to a petition these officers are forwarding to you for introduction into Congress in case the new organic act for
Porto Rico should fail of passage at this session.

I doubt not that the petition will explain
itself, and if not the reasons for it will be fully
given by the officers in a letter accompanying it which
they will doubtless write to you. These officers, as
you know, have labored and do now labor under serious
drawbacks and difficulties as officers in the Army of
the United States without being citizens of the country
which they serve, and I should be very glad to see these
difficulties and disabilities entirely removed.

However, you will understand, that if the new
organic act is passed conferring American citizenship
collectively upon all Porto Ricans who do not reject it,
there will be no need of anything further.

Our information is that this new organic act
will probably be passed by the House of Repre
                                                  sentatives
this afternoon; and I have hopes that the same influence

[3- May-16]

-2-

and forces which put the bill through the House will be
equally effective in securing its passage by the Senate
before adjournment of this session.   Nevertheless, these
hopes might possibly fail of realization, and in case
the new organic act gets into a position in the Senate
where its passage at this session would seem impossible
or doubtful, it might be well for you to introduce the
resolution prayed for by the officers of the Regiment,
so that Congress might have opportunity to do justice to
them even though they should fail to pass the organic act.
The whole matter, of course, will be left to your judgment
and discretion.

　　　　I sincerely hope we shall receive good news from
now on concerning the conditions and prospects of the Jones
bill.

　　　　　　With best wishes for you, I am

　　　　　　　　Sincerely yours,

　　　　　　　　　　　Governor.

Hon. Luis Nuñez Rivera,
Resident Commissioner,
House of Representatives,
Washington, D. C.

LUIS MUÑOZ RIVERA
RESIDENT COMMISSIONER
FROM PORTO RICO

House of Representatives U. S.
Washington, D. C.

April 7, 1916

My dear Governor;

I very much appreciate the kind courtesy with which you are ready to attend to my recommendation in favor of District Chief, Mr. Castilla, which I sent through our friend Mr. Saldaña. The officer in question is one of the best in the Insular police. He has been in the service for the last thirteen years and undoubtedly deserves the promotion which, without his knowledge, I ask for him. I would be greatly pleased if Col. Shanton would find an early opportunity to do this.

I continue to work on the Jones Bill. The Committee of Pacific Islands and Porto Rico waits its passage in the House to take it up immediately in executive session and make a report without delay. The matter is in the hands of the Chairman of the Committee on Insular Affairs, and the bill, as you know, obtained the privilege of being called at any time, provided it does not interfere with the appropriation bills. We have had the misfortune that, for the last month, the lower House has been continually discussing appropriation bills. Mr. Garrett attempted to get night sessions for Porto

[7 Apr. 16]

2

Rican legislation, but failed. The President included said legislation in his legislative program, which is very encouraging, and the democratic caucus accepted the Executive's views.

The only thing lacking now is that Mr. Jones take the matter up energetically and call his bill to the floor, using the first chance he can find. If legislation is not enacted for Porto Rico this year, the radicals, under the control of Messrs Balbas, Zeno Candia and other leaders, will acquire great strength and will bring serious difficulties. It would be regretable if the present moment were not taken advantage of to establish and sustain a policy of cordial intelligence and positive results between Americans and Porto Ricans in the Island, assisted by a great movement of public opinion. If this is not accomplished it will not be in any manner my fault.

Letters from you to Mr. Jones, Garrett and McIntyre will produce a rapid effect, if you reason out your indications so as to convince those gentlemen that the problem is a momentous one and should be solved immediately.

I have heard a great deal about the remarks of the Secretary of Porto Rico in a session of the Executive Council, in reference to frauds in the Departments. I believe that if such frauds exist, they must be punished; but I also believe

[4-Apr 16]

3

that the administration itself should not undertake to give

publicity to transgressions which, in case they turn out true,

will not add anything to its credit, and in case they are not

proven, will place the Secretary of Porto Rico in an unfor-

tunate position.

Very sincerely yours,

Hon. Arthur Yager,
Governor of Porto Rico,
San Juan, PORTO RICO.

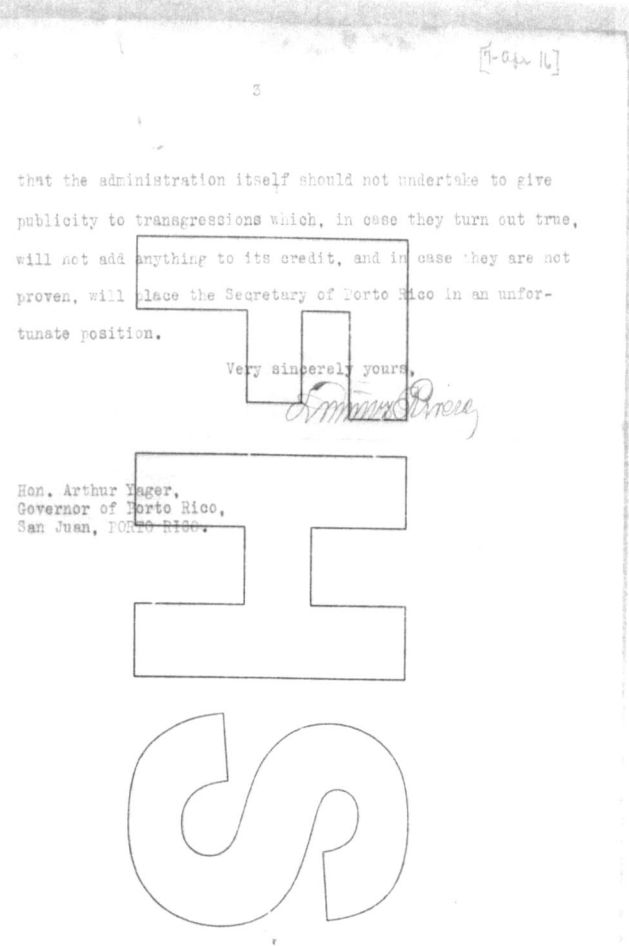

LUIS MUÑOZ RIVERA
RESIDENT COMMISSIONER
FROM PORTO RICO

House of Representatives U. S.
Washington, D. C.

July 10, 1914

My dear Governor:

I am in receipt of your esteemed letter of the 1st inst., in reference to the enactment of legislation for Porto Rico at this session, and I regret very much not to be able to agree with your suggestions as to the acceptance, without amendment, of the Jones Bill now pending before the House. As a question of principle, I am obliged, by my convictions, to insist on the absolute repudiation of the obsolete veto power. Being a sincere Democrat, I consider it unjust and dangerous to put all the legislative power under the control or authority of a single man. And, as a question of political interest, I fear that the Legislature of Porto Rico would be deprived of all practical authority by the indefensible measure heretofore referred to.

I also object to the mandatory provision for an annual session of the Senate without fixing the date of that session. As I indicated to General McIntyre

[10 July 14]

--2--

and yourself, in our interview at the Bureau of Insular Affairs, the Governor could have complete discretion to convene the Senate at whatever date between the 1st of January and the 31st of December he saw fit. In this way, the appointive power of the Senate would be practically destroyed.

Unless these two provisions are amended in the bill, I prefer to have the Foraker Act remain in force, as in this Act the Governor is granted only a qualified veto power and their own natural citizenship is recognized for the people of Porto Rico. After the declarations of the Mayaguez and San Juan Unionist Assemblies, the party to which I belong cannot depart from its clearly defined demand for Porto Rican citizenship, although, personally, I do not attach great importance to this matter.

I have well grounded reasons for believing that Congress, in the present year, will not devote its time to solving the problems of the Philippines and Porto Rico, more especially on account of the recent statement of President Wilson, published in the Evening Star of Monday, a clipping of which is herewith enclosed. Only the supreme influence of the President could get Congress to take up the Colonial issues of the Democratic

[10-July-14]

-3-

Platforms at this time.

I am confident that you will realize that I am just as anxious as yourself for a liberal form of Government for Porto Rico; but the new regime must satisfy the old aspirations of my country and respond to the hopes we place in the sincerity and fairness of the American people.

Yours very truly,

Ramirez Rivera

Hon. Arthur Yager,
   Governor of Puerto Rico,
    San Juan, Puerto Rico.

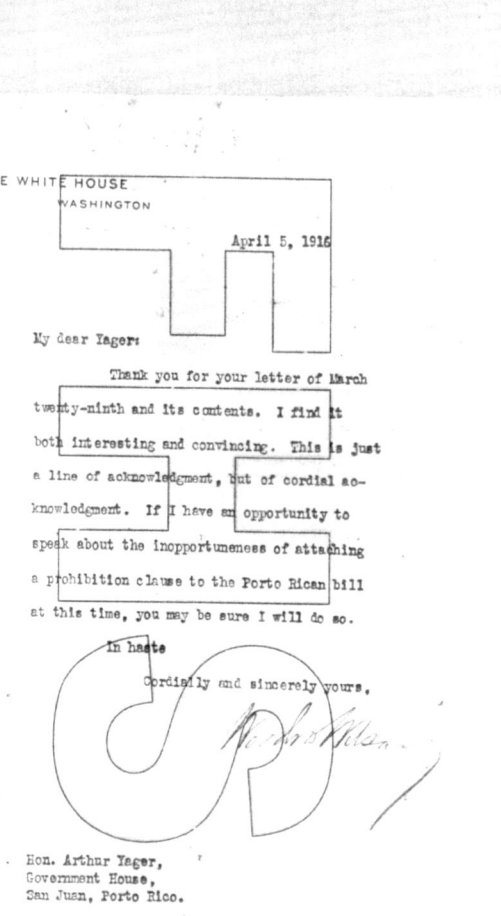

THE WHITE HOUSE
WASHINGTON

April 5, 1916

My dear Yager:

Thank you for your letter of March twenty-ninth and its contents. I find it both interesting and convincing. This is just a line of acknowledgment, but of cordial acknowledgment. If I have an opportunity to speak about the inopportuneness of attaching a prohibition clause to the Porto Rican bill at this time, you may be sure I will do so.

In haste

Cordially and sincerely yours,

Hon. Arthur Yager,
Government House,
San Juan, Porto Rico.

April 14, 1916.

My dear Mr. Muñoz Rivera:

Yours of the 7th instant has just come to hand and has been read with interest and appreciation.

I will keep in mind the matter of District Chief Castillo and ask Colonel Shanton to carry out his promise when opportunity offers.

I note carefully your suggestions and advices with reference to the Jones bill. I am at present contemplating another trip to Washington in connection with this bill after our legislature here has adjourned. I shall probably go the latter part of this month though I have not yet definitely decided whether I can do so or not. I have just had a letter from President Wilson expressing afresh his interest not only in the bill but also in the matter of avoiding a prohibition rider on it, which he agrees with me would be very inopportune at this time.

The remarks of the Secretary of Porto Rico with reference to the frauds in the departments were greatly exaggerated in some of the newspapers here. What he actually said, while possibly injudicious,

-2-

was not of great importance and was intended simply
to further the passage of the law standardizing
supplies and regulating purchases to be made for the
government. I am hopeful that the law will be passed and that the incidents will be closed without any
serious difficulties.

This is the last day of the session of the
legislature this year. In fact yesterday was the last
day, but they are, as usual, holding over. Both
houses have worked with uncommon diligence, and I hope
before final adjournment will be able to pluck the
fruits of their labors. The leaders of both houses
have done well, but I would mention especially the
tact and diligence of Mr. Huyke and Mr. Barceló in
their capacity as leaders of the Unionist Party.

If I come to Washington I will see you of
course immediately upon arrival.

Very sincerely yours,

Governor.

Honorable Luis Muñoz Rivera,
Resident Commissioner for Porto Rico,
House of Representatives,
Washington, D. C.

THE WHITE HOUSE
WASHINGTON

November 15, 1916

My dear Yager:

Thank you warmly for your telegram and letter. The prospect of four more years is very sobering to me and I do not know that I feel very much elated, but I am deeply grateful to the country for showing such evidences of trust and confidence.

I agree with you that it is of the utmost importance that the Porto Rico Bill should be passed, and I think that on the whole it would be wise for you to remain in this country, at any rate, long enough to see whether its passage at the short session is possible or not.

Cordially and sincerely yours,

Woodrow Wilson

Hon. Arthur Yager,
Georgetown, Kentucky.

THE WHITE HOUSE
WASHINGTON

November 27, 1916

My dear Governor Yager:

I was sincerely sorry not to see you before you left for Porto Rico. I did not know that your early departure had been planned.

I fully appreciate the importance of the Porto Rican Bill and have embodied a strong recommendation of its passage in the address which I shall make to Congress now in a few days.

I shall try to interest myself continuously in the matter until something is accomplished.

In haste, with warmest regard,

Cordially and faithfully yours,

Hon. Arthur Yager, Governor,

San Juan, Porto Rico.

November 23, 1916.

Honorable Woodrow Wilson,
    President of the United States,
        Washington, D. C.

My dear Mr. President:

Upon arriving in Washington from Kentucky some days ago I had a consultation with the Secretary of War and General McIntyre of the Bureau of Insular Affairs and we all concluded that it would be better for me to hasten on to Porto Rico rather than wait in Washington for the reassembling of Congress. We were led to this conclusion partly by the recent political developments in Porto Rico, but chiefly by the fact that we could get no assurance in advance that the Senate would take up the Porto Rican bill immediately upon their reassembling or even before the Christmas holidays, and as I was needed now in Porto Rico it seemed unwise to linger in Washington for so long a time upon an uncertain contingency. I had hoped for a brief conference with you in the last few days but in default of that I am writing this letter upon the eve of my departure to beg of you that you make mention in your forthcoming message to Congress, of the Porto Rican bill as one of the most urgent items of unfinished legislation. In support of this request I submit the following consider-

- 2 -

ations:

First. The Philippine bill has already been passed
and is in operation and as this bill and that of Porto
Rico have usually been classed together it seemed to the
Porto Ricans an unfair discrimination for Congress to
pass the one and omit the other.

Second. As you doubtless remember, Congress suspended
the elections in Porto Rico which were to take place November 7th until some future date to be fixed by the President.
This action was received with gratification in Porto Rico
because it seemed to imply a serious intention on the part
of Congress to complete and pass the Porto Rican bill at
the short session this winter. It would be a grievous
disappointment to have to fix a date for and to hold these
suspended elections without having first passed the new organic act.

Third. As explained in my previous letter, recent
political developments in the Island, due to the sudden
death of the Resident Commissioner, Mr. Muñoz Rivera, have
made still more urgent the prompt passage of the Porto Rican
bill. The remnants of the anti-American party in the Island have seized upon the occasion to renew their agitation
for independence and to try to prevent the passage of the
new bill, to which they are naturally opposed. It is,
therefore, not only of urgent importance that it be passed

- 3 -

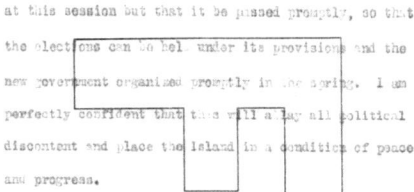

at this session but that it be passed promptly, so that the elections can be held under its provisions and the new government organized promptly in the spring. I am perfectly confident that this will allay all political discontent and place the Island in a condition of peace and progress.

As I am leaving today for my post of duty, I submit this suggestion to you in the hope that it will stimulate the Senate to prompt action upon this urgent matter.

The bill has passed the House. It has been unanimously reported to the Senate with some amendments and, therefore, is in the most favorable position possible for prompt and early action upon it by the Senate, before the ways have been filled with other matters that may distract the attention of the Senate from the little Island and its interests.

Assuring you of the highest personal regard and friendship and congratulating you afresh upon your most remarkable reelection to the great office of President, I am, and always, sincerely

Your friend,

Anejo J: Reflexiones de familiares y de amigos
Recuento biográfico del reverendo Antonio Collazo[193]

REVERENDO JUAN L. LUGO:
PIONERO DE PENTECOSTES

Por Antonio Collazo

El Reverendo Juan L. Lugo nació el día 26 de octubre de 1890, en un barrio de la municipalidad de Yauco, en la isla de Puerto Rico. Sus padres fueron don José Lugo y doña Juana Medina de Lugo. Su padre murió cuando él sólo tenía unos meses de nacido; así que nunca lo conoció. En el año de 1900, su señora madre emigró a las islas de Hawaii, con sus cuatro hijos; Juan y sus tres hermanas mayores, Julia, Carmela y Julita.

En Hawaii asistió a la escuela y continuó viviendo allí durante sus años de adolescencia y juventud temprana. Viviendo aún en Hawaii conoció y aceptó a Jesucristo como su Salvador personal el día 13 de junio de 1913. El día 29 de ese mismo mes fue bautizado en agua y una semana más tarde recibió el bautismo del Espíritu Santo. Fue recibido como miembro en la Iglesia Pentecostal Puertorriqueña, ya existente en la isla.

El día 9 de noviembre de ese mismo año, se despidió de la congregación y embarcó para la ciudad de San Francisco, en el estado de California. Una vez en San Francisco, comenzó a hacer obra evangelística, predicando al aire libre en las esquinas de las calles. El día 16 de enero de 1916, fue ordenado como ministro de las Asambleas de Dios, una organización pentecostal con oficinas en la ciudad de Springfield, en el estado de Missouri, E.U.A.

Un mes más tarde, él y su compañero de ministerio, Francisco Ortiz, se trasladaron a la ciudad de Los Angeles. Allí se ocuparon en el trabajo evangelístico que resultó en la organización de una iglesia pentecostal de habla hispana. Lugo asumió el pastorado de la naciente iglesia. Esto vino a ser para él su primera experiencia pastoral. Ya

El pastor J. Lugo y señora.

anterior a ésto, Dios le había llamado para el campo misionero, por una visión especial y definitiva mientras experimentaba una gloriosa bendición del Espíritu Santo. Hablando de su primera experiencia pastoral, en su libro *Pentecostés en Puerto Rico* o, *La Vida de un Misionero*, dice el hermano Lugo: "Por un corto tiempo permanecí allí solo, teniendo mi primera experiencia pastoral en la viña del Señor. Allí experimenté también los primeros problemas pastorales y la realización del campo misionero, por una misma semana, por un mensaje, en lenguas extrañas con interpretación, el Espíritu Santo ordenó a aquel grupo de jóvenes que hicieran provisión enseguida para que el joven predicación pesaban sobre mis hombros. Posiblemente más que ninguna otra experiencia, aquellos primeros pasos de mi carrera pastoral me hicieron sentir la tremenda responsabilidad de un mensajero de la cruz."

Mientras visitaba por primera vez un culto de jóvenes en una pequeña iglesia de habla inglesa, el hermano Lugo fue inspirado por el Espíritu Santo a dar el testimonio de su llamamiento al campo misionero. Aquella

predicador llegara al campo de su llamamiento. Una semana más tarde se le informaba al hermano Lugo que el dinero para el viaje ya estaba disponible y que él podía salir tan pronto estuviera listo para ello.

El día 17 de agosto de 1916, aquel grupo de jóvenes despedía al joven predicador y le entregaba los boletos de tren y barco pagados hasta San Juan de Puerto Rico. El día 30 de ese mismo mes de agosto, Juan L. Lugo desembarcaba del vapor Carolina en el muelle de San Juan. Al día siguiente inició la tarea de evangelizar a Puerto Rico con el mensaje pentecostal. Esto lo hizo predicando al aire libre en la intersección de las calles Figueroa y Ponce de León en el condado de Santurce. Allí él solo cantó, oró y predicó el poderoso mensaje de salvación y perdón de pecados en Cristo.

El día 3 de noviembre llegaba a la ciudad de Ponce en la costa sur de la isla. Ponce era el lugar específico de su llamamiento que el Señor le había mostrado en visión. En la tarde de ese mismo día, acompañado por los hermanos Salomón Feliciano y su esposa Dionisia, cantando el hermoso himno, "Predicamos la verdad", en la intersección de las calles Acueducto e Intendente Ramírez, se inició la gran campaña continua de la evangelización pentecostal de Puerto Rico. Digo continua porque desde ese día hasta el presente, en que hay en la isla mil o más iglesias pentecostales, el avivamiento pentecostal no ha cesado ni por un solo día.

El día 27 de julio de 1917, el joven predicador reverendo Juan L. Lugo unió su vida en matrimonio con la señorita Isabel Ortiz. La hermana Isabela no sólo vino a ser para él una esposa amante y fiel, sino que ha sido todo lo que la Biblia requirió de

10

[193] Antonio Collazo, "Reverendo Juan L. Lugo: Pionero de Pentecostés," *El Evangelio*, 1984, pp. 10–11.

ella; una ayuda idónea (Gn. 2:18). Durante 66 años y medio ella fue todo eso para él, hasta el día 30 de enero de 1984, cuando él fue llamado para estar presente con el Señor.

En la primera conferencia anual de la Iglesia Pentecostal en Puerto Rico, celebrada en noviembre de 1921, el hermano Lugo fue electo por sus compañeros de ministerio para ocupar la posición de superintendente. Habiendo sido reelecto año tras año, sirvió en esa capacidad con marcado éxito hasta enero de 1931, cuando rehusó ser considerado para reelección. El hermano Tomás Alvarez resultó electo para el cargo.

Dos meses más tarde, el hermano Lugo se trasladaba con su familia a la ciudad de Nueva York. Su propósito al venir a Nueva York era el de organizar la obra del movimiento pentecostal para el pueblo de habla hispana de la gran metrópolis. Unos meses más tarde, luego de organizar la primera iglesia pentecostal de habla hispana en el condado de Brooklyn, sector de Greenpoint, se trasladó a Manhattan para organizar allí la iglesia. El día primero de octubre del mismo año de 1931, se abrían las puertas de la primera misión pentecostal hispana de Harlem. La tienda del número 64 al este de la calle 104 sirvió de hogar inicial a lo que es hoy la poderosa iglesia La Sinagoga de la calle 125, pastoreada actualmente por el hermano Abelardo B. Berrios.

Para fines de 1936, el Concilio General de Springfield pidió al hermano Lugo que regresara a Puerto Rico. El propósito era establecer un instituto bíblico en la isla. Gustosamente él aceptó el reto; y en el año de 1937, lo que es en la actualidad la importante institución bíblica docente conocida como el Instituto Bíblico Mizpa, quedó debidamente organizado.

Para el año de 1940, el hermano Lugo regresó con su familia a la ciudad de Nueva York y estableció una nueva iglesia en la calle 112 de Manhattan. Unos años más tarde, el hermano Lugo y la congregación de la 112 se unieron con la Iglesia de Dios. Para esa fecha la iglesia adquirió la propiedad que hoy ocupa en el número 2135 de la Tercera Avenida. Es pastoreada hoy dicha congregación por el hermano Antonio García.

Después de 22 años de pastorado con éxito rotundo, el hermano Lugo se jubiló del ministerio activo. Mudó su residencia a la aldea de Plattekill donde en base voluntaria ofreció sus servicios como co-fundador de lo que es hoy la Iglesia de Dios hispana de Newburgh. Durante los últimos 21 años dedicó sus experiencias, y talentos para trabajar brazo a brazo con los diferentes pastores de dicha congregación. Su experiencia, guianza y consejo sirvieron como factor valioso al pastor y a la congregación para la adquisición del hermoso templo que ocupa la iglesia hoy. Durante este último año de su vida se vio imposibilitado de asistir a los cultos de la iglesia debido a su enfer-

El Rvdo. Juan L. Lugo y familia en el año 1933.

medad.

Durante toda su vida cristiana, el hermano Lugo fue hombre dedicado, consagrado y comprensivo. Como cristiano amó a Dios, a la iglesia y a sus semejantes. Como ministro de Dios, fue siempre enteramente competente, considerado y servicial para con sus compañeros de ministerio y congregación. Como líder, enseñó a otros las responsabilidades del liderazgo con su propio ejemplo. Como administrador fue responsable y de integridad. Fue esposo fiel, amable y considerado, sin pasar por alto la rígida disciplina cristiana para con su familia.

Resumiendo la vida, hechos y conducta de este gran hombre de Dios, puede bien decirse: "El Reverendo Juan L. Lugo fue un verdadero santo de Dios". El día 30 de enero de 1984, este gran campeón de Dios dejó este mundo para unirse a los que antes, como él, también vencieron y se adelantaron para esperar el día de la gran resurrección. Así se convirtió en realidad lo que unos días antes había visto en visión, cuando envuelto en una gloriosa bendición y glorificando a Dios decía a su esposa e hija: "Veo que se abre una gran puerta en el cielo y desde adentro una multitud clama diciendo: 'Bienvenido, entra Juan L. Lugo'". ✳

Banda de música de la Sinagoga durante el pastorado del Rev. J. L. Lugo.

11

Recordando a Juan L. Lugo

Así lo recuerda Ligia Collazo Lugo, su nieta mayor

Mi abuelito siempre fue una persona muy especial en mi vida. Vivimos separados de él y abuelita, porque cuando mis abuelitos salieron de Puerto Rico en el 1940, mis padres se quedaron a pastorear la iglesia en Santurce; entonces sólo les veíamos cuando nos venían a visitar. Esas visitas para nosotros eran muy especiales.

Cuando me gradué de escuela superior mi abuelito convenció a mis padres que me permitieran trasladarme a New York a vivir con ellos; él quería que estudiara en una universidad en Estados Unidos. Convivir con ellos fue una de las etapas más lindas de mi vida. Me consentía como su nieta mayor, pero también velaba por mí y por mi vida de cristiana con mucho esmero. Cuando necesité corrección me la dio con amor y cuando le di bisnietos me los quiso con todo su corazón. Siempre fue un amigo de los niños y le encantaba ponerle apodos a todos,

Recordando a Juan L. Lugo

Así lo recuerda Ligia Collazo Lugo, su nieta mayor

Mi abuelito siempre fue una persona muy especial en mi vida. Vivimos separados de él y abuelita, porque cuando mis abuelitos salieron de Puerto Rico en el 1940, mis padres se quedaron a pastorear la iglesia en Santurce; entonces sólo les veíamos cuando nos venían a visitar. Esas visitas para nosotros eran muy especiales.

Cuando me gradué de escuela superior mi abuelito convenció a mis padres que me permitieran trasladarme a New York a vivir con ellos; él quería que estudiara en una universidad en Estados Unidos. Convivir con ellos fue una de las etapas más lindas de mi vida. Me consentía como su nieta mayor, pero también velaba por mí y por mi vida de cristiana con mucho esmero. Cuando necesité corrección me la dio con amor y cuando le di bisnietos me los quiso con todo su corazón. Siempre fue un amigo de los niños y le encantaba ponerle apodos a todos, incluyendo los niños en su congregación. Pero de todo lo que nos pudo dar, su legado de hombre íntegro -de un testimonio intachable- y su amor por el Salvador de su alma, es algo que nos seguirá hasta el final de nuestra jornada.

¡Qué bonitos recuerdos nos quedan de mi querido abuelito! ¡No perdemos la esperanza de volver a abrazarle cuando nos volvamos a ver!

Así lo recuerda Tita Collazo-Lugo

Desde yo muy pequeña recuerdo las visitas que abuelito nos hacía cuando vivíamos en Puerto; para ese tiempo toda nuestra familia ya estaba radicada en New York. Lo distinguía como alguien muy importante en mi vida; un hombre serio pero muy amoroso.

Para el año 1958, cuando nos mudamos a New York, fue cuando comencé a conocerle bien de cerca. Era mi pastor y siempre me impresionó su compostura de pastor. Llegaba a la iglesia, se sentaba en su silla en el altar y allí estaba hasta que le entregaban el culto para compartir la Palabra. Luego, casi siempre antes de comenzar a predicar cantaba unas estrofas de un himno acerca de pentecostés y concluía el cántico con un estruendoso amén. Siempre me sobrecogió verle en aquella plataforma sentado y observarlo como adoraba a Dios con una apasionada devoción.

El observar la llenura del poder de Dios que acompañaba su vida es lo más que me impresionó de la vida de abuelito. Su fe afirmaba cotidianamente que Cristo era el centro de su existencia. De igual manera, demostraba en su vivencia que el poder del Espíritu Santo en su vida era esencial. Abuelito marcó mi vida con su entrega absoluta al servicio del Señor y su ejemplo de vida. El legado de fe que abuelito me dejó es mi gran tesoro en mi vida y siempre le estaré eternamente agradecida.

Así lo recuerda Juan Antonio Collazo Lugo

El orgullo más grande de mi vida es poder decir que el hermano Lugo fue mi abuelo y que mi primer nombre es semejante al suyo. Mi nombre es Juan Antonio Collazo Lugo. Abuelito es la principal razón por la que le sirvo al Señor. Nací en un hogar cristiano y es parte de la herencia que otorgó. En mis años de infancia no conocía a abuelito muy bien, ya que él se había regresado a Nueva York y yo vivía en Puerto Rico con mi padre, el Reverendo Antonio Collazo y mi madre Pérsida, quien es la hija mayor de abuelito. A mis hermanas y a mí nos encantaba cuando él venía a visitarnos porque siempre en sus manos traía una caja de las donas que a nosotros nos encantaban. Recuerdo que para Navidad siempre llegaba a casa un paquete lleno de regalos para nosotros. Una vez, cuando vino a Santurce, recuerdo que yo me caí y me corte la rodilla; mi abuelito me puso una pomada que siempre cargaba con él, y me cerro el corte, que era como tres pulgadas de largo. La herida se me cerró sin que tuvieran que tomarme puntos de sutura. El me dijo que era su medicina mágica. Todavía tengo la cicatriz.

Mientras más he envejecido, más he podido apreciar a mi abuelito. Fue un gran ejemplo a toda su familia y por eso es que con la excepción de cinco o seis de todos sus descendientes, el resto le sirve a Dios. Yo sé que desde el cielo, el hermano Lugo, mi querido abuelito, nos esta mirando y cuidando, siempre orando por todos nosotros, como hacia aquí en la tierra.

Recuerdos de Raquel Collazo-Lugo de su abuelo Juan L. Lugo

Mi abuelito siempre fue un hombre de mucha fe. Para él los niños eran muy especiales y así los trataba; pensaba que si los niños se instruían con una base espiritual profunda, serían los que en un futuro seguirían propagando la semilla del evangelio. Siempre apoyó mucho a la juventud para que se educaran y a los que recibían el llamamiento del Señor, siempre les ayudaba, especialmente con sus sabios consejos.

Como padre y abuelo de familia fue un hombre excepcional; tanto sus hijos -como sus nietos y biznietos, que le conocimos y tuvimos la bendición de compartir con él momentos agradables- siempre le estaremos agradecidos a Dios por la bendición de la herencia y legado que nos dejó.

Yo personalmente tengo grabado en mi memoria los lunes cuando lo recogía en mi Volkswagen para llevarlo a hacer sus compras de la semana y llevarlo al banco.

Dr. Esdras Betancourt : Mis recuerdos de un padre espiritual

Conocí al apóstol de pentecostés en Puerto Rico -Juan L. Lugo- a la edad de cuatro años en la República Dominicana. Yo estimo que fue en el año 1940. En aquel tiempo mi papá, Ángel Betancourt era el misionero de la Iglesia de Dios Pentecostal de Puerto Rico para la República Dominicana. Fue en la capital -Ciudad Trujillo (hoy Santo Domingo)- donde mi padre había establecido su segunda iglesia. La iglesia era lo suficientemente grande para servir también como casa pastoral y tenía un balcón bastante grande. Este primer encuentro ocurrió un día, cuando estaban hablando en el balcón, el hermano Lugo, Johnny Pérez y mi papá. La razón por la cual Lugo y Johnny estaban visitando a mis padres era porque Lugo era el superintendente de la Iglesia de Dios Pentecostal en Puerto Rico.

Como todo niñito travieso mientras ellos hablaban yo me metía entre las piernas del hermano Lugo de una forma juguetona. Él se reía y cuando yo pasaba entre sus piernas me daba una amigable nalgada. Ahí yo aprendí que era un hombre que le gustaban los niños y que era un líder responsable que apoyaba a los que trabajaban con él.

Yo no volví a ver al apóstol Lugo hasta el año 1948. En aquel año mi padre debido a la situación económica en la Isla de Puerto Rico, emigró a la ciudad de Nueva York. Fuimos a visitar al hermano Lugo que en aquella época estaba pastoreando en la Calle 112, Manhattan. Él estaba pastoreando independientemente. La razón por la cual lo visitó papá fue para pedirle ayuda para comenzar una obra nueva en la Calle 106 en Manhattan. Observé cuando Lugo le entregó el dinero. Esa iglesia hoy es la Iglesia de Dios en la Calle 100 y Tercera Avenida en Manhattan. No solamente ayudó Lugo con dinero para comenzar la nueva obra a mi padre, sino a muchos pastores más que vinieron de Puerto Rico. Con eso queremos decir que era un hombre dadivoso, pues cuando yo era misionero en Europa, Lugo sin yo pedirle, me enviaba una ofrenda periódicamente.

Otra cosa por la cual lo admiro mucho es porque él fue el que me bautizó en agua. La iglesia estaba localizada en la Calle 112, Manhattan y tenía un bautisterio. De aquel local compraron una casa de apartamentos en la Calle 116 y Tercera Avenida en Manhattan. En esa iglesia celebramos muchos jubileos y convenciones.

El 1966 regresé de servir como misionero en Europa. El supervisor de la Región Noreste de la Iglesia de Dios, reverendo Antonio Collazo, me nombró director de Juventud y Educación Cristiana para la Región. El supervisor Collazo había recibido un pequeño grupo de hermanos en la ciudad de Newburgh, NY. Él comenzó una obra nueva y el hermano Lugo y su esposa, la hermana Isabelita, se hicieron miembros de la iglesia. Lugo estaba ya jubilado. La hermana Isabelita servía como maestra de la clase de adultos y el hermano Lugo servía como tesorero. Fue en esta ocasión donde le recordé las nalgadas que me dio en Santo Domingo. Él sonrió y dijo, "¿Cómo yo me atreví a darle a un hombre tan grande?".

Durante algunas ocasiones el reverendo Lugo predicaba en esta nueva obra. Era un predicador autodidáctico, muy conocedor de la Palabra de Dios; predicaba con una unción especial que siempre movía a la gente al altar. Fue ese tipo de predicación la que distinguía a los pioneros de pentecostés. Pero, lo que es para admirarse aquí es que aún jubilados, no podían quedarse sentados en las bancas de la iglesia.

Las oficinas de la Región Noreste de la Iglesia de Dios estaban ubicadas en la Iglesia de la 116 y Tercera que ahora la pastoreaba Luis y Eliza (hija de Lugo) Alicea. Yo viajaba desde Newburgh a Manhattan todas las semanas para hacer mi trabajo de oficina. El hermano Lugo viajaba conmigo una vez al mes para comprar víveres en la "Marqueta" del Barrio Latino y visitar sus familiares. Durante ese tiempo hablamos mucho de su filosofía de ministerio. Él decía que el mejor tiempo para predicarle fuerte a la congregación era cuando estaba bajo avivamiento. Lugo fue un gran administrador y una persona que en todos los lugares que ministró tuvo éxito. Vivió muchos años (más de noventa) y cada año que vivió dejo un legado para nosotros.

Así lo recuerda el reverendo Víctor M. Pagán

Conocí a Juan L. Lugo mientras era estudiante del Instituto Bíblico Interamericano de la Iglesia de Dios en Puerto Rico. Él había sido invitado por el director, Dr. Héctor Camacho, para hablar a los estudiantes. La primera impresión que sentí fue la de estar frente a uno de los personajes bíblicos.

Ese día, mientras el hermano Lugo hablaba en el servicio, me llamó la atención el grave tono de su voz y la cadencia en su discurso. Por alguna razón su estilo se me pareció al del famoso político puertorriqueño Luis Muñoz Marín. Recuerdo que habló del llamado al ministerio y quedó grabado en mi memoria cuando dijo, "No he leído ningún texto en la Biblia que diga, y Jesús pasando por la plaza de Jerusalén vio allí a dos vagos y les dijo síganme y los haré pescadores de hombres".

Después de esa ocasión volví a encontrarme con él cuando visité la Iglesia de Dios en la ciudad de Newburgh en New York. El pastor de turno era Pascual Robles. El hermano Lugo ocupaba la posición de tesorero en dicha iglesia. Cuando supo que yo estaría estudiando en Lee University habló con el pastor y de ahí en adelante mensualmente me hizo llegar una ayuda de $10.00.

Cuento como uno de los altos honores que el Señor ha concedido a mi ministerio el hecho de que fui uno de los predicadores en el funeral de este insigne compatriota. Los sucesos se dieron de la siguiente manera. Yo servía como supervisor nacional de la Iglesia de Dios en Puerto Rico y había asistido a la reunión de los radiodifusores cristianos en la ciudad de Washington, DC. Un día me llamó la secretaria Aida Luz León para informarme que Juan L. Lugo había fallecido. Inmediatamente hice los arreglos para trasladarme a la ciudad de New York. Cuando me encontré con Manuel Pérez Sánchez, que servía como supervisor regional, me paralizó al decirme que esa noche me tocaba predicar en el servicio. El resto de la tarde lo pasé nervioso, asustado y preocupado. No me tomó mucho tiempo entender la enorme responsabilidad que significaba la asignación que me había encomendado Pérez Sánchez. Pensé, oré y busqué diligentemente en la Biblia un verso que fuera propio para la ocasión y digno de la celebración de la vida de Juan L. Lugo. Lo encontré en el libro de Números 18:20.

Bibliografía

Alexander, Arthur C., and Arthur C. Alexander. *Koloa Plantation: 1835-1935*. 2nd edition. Lihue, Hawaii: Kauai Historical Society, 1985.

Association, Hawaiian Sugar Planters', A. R. Grammer, and others. *A History of the Experiment Station of the Hawaiian Sugar Planters' Association, 1895-1945*. Hawaiian Sugar Planters' Association, 1947.

Bartholomew, Gail, and Bren Bailey. *Maui Remembers: A Local History*. 1st edition. Honolulu: Mutual Publishing, 1994.

Camacho Souza, Blase. "Trabajo Y Tristeza - 'Work and Sorrow': The Puerto Ricans of Hawaii, 1900-1902." *Hawaiian Journal of History* 18 (1984): 156–73.

Camacho Souza, Blase, Alfred P Souza, and Puerto Rican Heritage Society of Hawaii. *De Borinquen a Hawaii: Nuestra Historia*. Honolulu, Hawaii: Puerto Rican Heritage Society of Hawaii, 1985.

Carr, Norma. *The Puerto Ricans in Hawaii, 1900-1958*. University of Hawaii, 1989.

"Chinese Exclusion Act - Facts & Summary." *HISTORY.com*. Accessed September 9, 2014. http://www.history.com/topics/chinese-exclusion-act.

Collazo, Antonio. "Reverendo Juan L. Lugo: Pionero de Pentecostés." *El Evangelio*, 1984.

Cortés Chico, Ricardo. "Inversión Que Se Marcha." *El Nuevo Dia*. Accessed April 3, 2015. http://www.elnuevodia.com/noticias/locales/nota/inversionquesemarcha-2075627/.

Duany, Jorge. "A Transnational Colonial Migration: Puerto Rico's Farm Labor Program." *New West Indian Guide* 84, no. 3–4 (2010): 225–51.

"Earthquake of 1918." *Online Puerto Rico Seismicnetwork*, n.d.

Espinosa, Gastón. *Latino Pentecostals in America: Faith and Politics in Action*. Kindle edition. Cambridge, MA: Harvard University Press, 2014.

Garcés M., María. "San Francisco: Una Reconstrucción Acertada." *Laciudadenlahistoria*, November 7, 2011. https://laciudadenlahistoria.wordpress.com/2011/11/07/san-francisco-una-reconstruccion-acertada/.

Gohr, Glenn W. "The Historical Development of the Statement of Fundamental Truths." Accessed September 10, 2014. http://ifphc.org/uploads/heritage/2012_08.pdf.

González Pérez, Elvin A. "Intenciones de La Ley Jones de 1917 Y La Ciudadanía Estadounidense." Accessed September 10, 2015. https://www.academia.edu/7949555/Intenciones_de_la_Ley_Jones_de_1917_y_la_ciudadan%C3%ADa_estadounidense.

Historical, Filson. "Yager, Arthur (1858-1941) Papers, 1913-1921." *The Filson Historical Society*, August 21, 2013. http://filsonhistorical.org/research-doc/yagerarthur/.

"http://www.seeking4truth.com/assemblies_of_god_roots.htm - Google Search." Accessed September 11, 2014. https://www.google.com/#q=http:%2F%2Fwww.seeking4truth.com%2Fassemblies_of_god_roots.htm+.

Hurburt, J. Raymond. *The Bridegroom's Messenger* V (June 1, 1912).

"José de Diego." *Pomarrosas*. Accessed September 10, 2015. http://pomarrosas.com/Jos__de_Diego.html.

Krauss, Beatrice H. "A Short History of the Hawaii Agricultural Experiment Station, 1901–1982," n.d. http://www.ctahr.hawaii.edu/site/downloads/KraussHAES2.pdf.

Krogstad, Jens Manuel, Mark Hugo López, and Drew DeSilver. "Puerto Rico's Losses Are Not Just Economic, but in People, Too." *Pew Research Center*. Accessed February 3, 2015. http://www.pewresearch.org/fact-tank/2015/07/01/puerto-ricos-losses-are-not-just-economic-but-in-people-too/.

"La Elección General de 1914 | Aqui Esta Puerto Rico." Accessed September 10, 2015. http://aquiestapr.blogspot.com/2012/11/la-eleccion-general-de-1914.html.

"La Emigración." *La Correspondencia*. July 19, 1990.

"La Emigración." *La Correspondencia*. July 19, 1990.

"Ley Jones." *Enciclopedia de Puerto Rico: Fundación Puertorriqueña de Las Humanidades*, n.d. http://www.enciclopediapr.org/esp/article.cfm?ref=09072205.

Lugo, Juan L. *Pentecostés En Puerto Rico: La Vida de Un Misionero*. San Juan, PR: Puerto Rico Gospel Press, 1951.

Maclennan, Carol A. "Hawaii Turns to Sugar: The Rise of Plantation Centers, 1860-1880." *Hawaiian Journal of History* 31 (1997): 97.

Medina, Nitza C. "Rebellion in the Bay: California's First Puerto Ricans." *Centro Journal* XIII, no. 1 (Spring 2001): 85–89.

Pagán, Bolivar. *Historia de Los Partidos Políticos Puertorriqueños (1898-1956)*. San Juan, PR: Librería Campos, 1959.

Peck, Gunther. "Divided Loyalties: Immigrant Padrones and the Evolution of Industrial Paternalism in North America." *International Labor and Working-Class History* 53 (March 1998): 49–68. doi:10.1017/S0147547900013661.

Poblete, Joanna. *Islanders in the Empire: Filipino and Puerto Rican Laborers in Hawai'i*. 1st Edition. Urbana: University of Illinois Press, 2014.

Pol, Julio César. *Determinantes Económicos de La Migración Entre Puerto Rico Y Estados Unidos*. Unidad de Investigaciones Económicas, Departamento de Economía, Universidad de Puerto Rico, 2004.

"Puerto Rico Inmigración a Hawai." Accessed February 16, 2015. http://www.esciudad.com/es/310/puerto-rican-immigration-to-hawaii.html.

Ringer, David. "J. Roswell Flower: Pentecostal Servant and Statesman." Accessed March 1, 2015. http://ifphc.org/Uploads/Heritage/2012_03.pdf.

Romero Harthausen, Manuel. *La Correspondencia*, August 9, 1900.

Rosario Natal, Carmelo. *Éxodo Puertorriqueño: Las Emigraciones Al Caribe Y Hawaii: 1900-1910*. San Juan, P.R., 2001.

———. "Nuestras Primeras Emigraciones." *El Reportero*, August 25, 1980.

Rosario-Rivera, Raquel. "Pasaporte a La Angustia: Sufrimientos de Los Emigrados Y Familiares Con Destino a Hawaii." *Horizontes* 87 (October 2002).

"Selective Service Act of 1917." *Wikipedia, the Free Encyclopedia*, July 28, 2015. https://en.wikipedia.org/w/index.php?title=Selective_Service_Act_of_1917&oldid=673505199.

Serrano, Susan K. "Collective Memory and the Persistence of Injustice: From Hawai'i's Plantations to Congress-Puerto Ricans' Claims to Membership in the Polity." *S. Cal. Rev. L. & Soc. Just.* 20 (2011): 353.

Silva, Milton N., and Blase Camacho Souza. "The Puerto Ricans." *Social Process in Hawaii* 29 (1982): 83–88.

Takaki, Ronald. *Pau Hana: Plantation Life and Labor in Hawaii, 1835-1920*. Honolulu: University of Hawaii Press, 1983.

"The Maritime Heritage Project Ship Passengers, San Francisco: 1846-1899." *Http://www.maritimeheritage.org/ships/ss-Rio-de-Janeiro.html*, n.d.

Torres-Robles, Carmen L. "Boricuas En Hawai: Identidad Y Expresión." *The Bilingual Review/La Revista Bilingüe* 28, no. 1 (April 2004): 16–22.

Torres, Tom. *Juana: Juana Maria, Feliciano, Caraballo, Lugo, Medina*, 2005.

Valdés, Dionicio Nodín. *Organized Agriculture and the Labor Movement before the UFW: Puerto Rico, Hawai'i, California*. Austin: University of Texas Press, 2011.

Whalen, Carmen Teresa. "Colonialism, Citizenship, and the Making of the Puerto Rican Diaspora: An Introduction." In *The Puerto Rican Diaspora: Historical Perspectives*, edited by Víctor Vázquez-Hernández and Carmen Teresa Whalen. Philadelphia: Temple University Press, 2008.

"World War I Selective Service System Draft Registration Cards, M1509." *National Archives*, n.d. http://www.archives.gov/research/military/ww1/draft-registration/.

Yager, Arthur. "Folder 48: Munoz-Rivera, Luis (Resident Commissioner of P.R.) Correspondence, 31 December 1913 - 3 May 1916." Filson Historical Society, 1921 1913.

———. "Folder 52: Presidents of the United States. Correspondence, 28 July 1913 – 9 April 1921." Filson Historical Society, 1921 1913.

La Correspondencia. January 13, 1901.

New York Times, April 4, 1901.

La Correspondencia, April 17, 1901.

Bibliografía Consultada

Alexander, Arthur C. *Koloa Plantation: 1835-1935*. Honolulu: Kauai Historical Society, 1985.

Agrosino, Michael V. *Projects in Ethnographic Research*. Long Grove: Waveland Press, Inc., 2005.

Bartholomew, Gail. *Maui Rebembers: A Local history*. Maui: Mtual Publishing, 2014.

Camacho, Blasé and Dias, Austin. *A Puerto Rican Poet on the Sugar Plantation of Hawai'i*. Honolulu: The Puerto Rican Heritage Society of Hawai'I, 2000.

Camacho, Blasé & Souza, Alfred P. *De Borinquen a Hawaii: Nuestra Historia, From Puerto Rico To Hawaii*. Honolulu: Puerto Rican heritage Society of Hawaii, 2009.

Jones, C. Allan & Osgood, Robert V. *From King Cane to the Last Sugar Mill: Agricultural Technology and the Making of Hawaii's Premier Crop*. Honolulu: University of Hawai'i Press, 2015.

Kassel, A. R. *Hawaiian Missionaries*. North Charleston: CreateSpace, 2011.

Kaukali, Edwin L. & Subica Wayne A. *Hawaii Plantations Pay System & History about the Old Days*. Hilo: Memories of Hawaii-Big Island, LLC, Hawaii Plantation & Industrial Museum, 2010.

Lebra, Joyce. Shaping Hawaii: The Voices of Women. 2 ed. Honolulu: Goodale Pub., 1999.

López, Daniel. *California and Hawaii's First Puerto Ricans, 1850-1925: The 1ist and 2nd Generation Immigrants/Migrants*, 2013.

Maclennan, Carol A. *Sovereign Sugar: Industry and Environment in Hawai'i*. Honolulu: University of Hawai'I Press, 2014.

McClung, Grant, ed. *Azusa Street & Beyond: 100 years of Commentary on the Global Pentecostal/Charismatic Movement.* Gainesville: Bridge-Logos, 2006.

Puerto Rican Society of Hawaii. *Change and Continuity: Puerto Rico and Hawai'i.* Honolulu: The Puerto Rican Heritage Society of Hawai'I & Hawai'I Heritage Center, 1992.

Synan, Vinson. *The Holiness-Pentecostal Tradition: Charismatic Movements in the Twentieth Century.* Grand Rapids: William B. Eerdmans Publishing House, 1997.

Tenbruggencate, Jan. *Lihue Mill: Grinding Cane & Building Community.* Lihue: Pahio

Development, Inc. & Lihue Ms, LLC, 2011.

Whalen, Carmen Teresa and Vázquez-Hernández, Victor, eds. *The Puerto Rican Diaspora: Historical Perspectives.* Philadelphia: Temple University Press, 2005.

Walls, Andrew F. *The Missionary Movement in Christian History: Studies in the Transmission of Faith.* New York: Orbis Books and Edinburgh: T & T Clark, 1996